Dainerys Machado Vento

El estruendo de *Ciclón*.
La nueva revista cubana
(1955-1959)

El estruendo de Ciclón
LA NUEVA REVISTA CUBANA
2022

Editor: Omar Villasana
Design: Elisa Orozco

ISBN: 978-17365650-5-6

KATAKANA EDITORES CORP.
Weston FL 33331
katakanaeditores@gmail.com

Dainerys Machado Vento

El estruendo de Ciclón

LA NUEVA REVISTA CUBANA

(1 9 5 5 - 1 9 5 9)

katakana
editores

ÍNDICE

AGRADECIMIENTOS

Este proyecto de investigación comenzó en 2014 y, en el largo camino que nos trae hasta aquí, ha contado con el apoyo incondicional de Elba Vento, Roberto Machado, Violeta Santos, Dianelis Novoa, Julio, César y Fabio Ruiz, Esther Araujo y Carlos Hernández. Gracias al Dr. Ernesto Fundora, por el invaluable apoyo de cada día. Agradezco también por las lecturas, consejos editoriales y colaboraciones a la Dra. Lillian Manzor, la Dra. Yliana Rodríguez, el Dr. Israel Ramírez y la Dra. Francy Moreno, así como a Norberto Codina, Norge Espinosa, Mercedes Zavala, Juan Pascual, Omar Baca, Mara Ruán, Gabriela Silva, Emiliano Delgadillo y Xalbador García. Gracias a mis compañeros de grupo y profesores en El Colegio de San Luis, en México, que vieron nacer este libro cuando era una tesis de Maestría, y en especial al Dr. Antonio Cajero, tutor de la investigación original. Extiendo mi agradecimiento más sincero a los directivos y trabajadores de la Capilla Alfonsina y la Hemeroteca de la UNAM, en Ciudad de México; de la Biblioteca Nacional y la Biblioteca "José Rodríguez Feo," en La Habana y de la Cuban Heritage Collection en la Universidad de Miami. Gracias a Omar Villasana, que ahora lo acoge en su casa definitiva, Katakana Editores. ⊞

ESTADO DE EMERGENCIA: PRELUDIO

Cuando se habla de polémica en la historia de la literatura cubana siempre aflora el nombre de la revista *Ciclón* (1955-59). Su actitud retadora ante la realidad nacional fue su mayor virtud, pero también el motivo de que se encuentre hoy entre las revistas cubanas menos estudiadas del siglo XX. Hasta ahora ha sido asumida, demasiadas veces, como el producto de una pelea entre José Rodríguez Feo y el grupo alrededor de *Orígenes*. Una historia que ha opacado en cierta medida el reconocimiento de su aporte a las letras nacionales.

Comenzó a imprimirse en la Úcar García, en pleno corazón de La Habana Vieja y se distribuyó en Argentina, España, Cuba. Su colección, sin embargo, no se conserva completa en ninguna biblioteca cubana. A esta rara coincidencia se agrega que la intensa e inestable existencia de la revista, fundada y dirigida por Rodríguez Feo entre 1955 y 1957, con un número final en 1959, colocaron a *Ciclón* y a sus colaboradores en el punto de quiebre más importante de la historia del país. *Ciclón* existió antes y después del triunfo de la Revolución. Pero la tendencia de sus páginas a dialogar sobre homosexualidad, marginalidad, dictadura y a poner en duda la existencia de una literatura nacional fue la misma que la colocó en el precipicio del canon cultural cubano, en un margen demasiado oscuro para ser traído al centro. *Ciclón* es casi siempre solo un nombre, una referencia general, un abismo sobre el que pocos autores se atreven a mirar con detenimiento.

Uno de sus mayores valores como publicación periódica radica en la versión que contiene sobre las dos épocas en las que apareció y en cómo su política editorial demuestra que la lucha por el poder cultural en Cuba, que dio a luz a la parametración en los años setenta, había empezado mucho antes de 1959. Es justamente en esa relación de la revista con el tiempo cultural de Cuba donde este ensayo se detiene. Reconstruyo la historia de *Ciclón* y analizo una buena parte de sus textos entendiéndola como testigo de los últimos años de la República y como preludio de las cuitas políticas posteriores. *Ciclón* es, en estas páginas, centro y pretexto para reconocer las diferencias generacionales y grupales que fueron experimentadas por los escritores cubanos desde la década de 1950. También es una puerta abierta hacia el conocimiento de las lecturas que estaban haciendo esos escritores, y hacia sus influencias.

La historia de la literatura cubana puede contarse desde el análisis de sus revistas literarias. Este ejercicio es posible, principalmente, a partir de 1927, cuando se fundó *Revista de Avance*. Porque su nacimiento como publicación, hecha por un grupo particular de intelectuales, puede relacionarse, por un lado, con la inconformidad social ante la gestión de los gobiernos republicanos y, por el otro, con el auge de la vanguardia artística en el país. Muy pronto destacó también *Orígenes*. Fundada por José Lezama Lima y José Rodríguez Feo en 1944, la revista representó un giro radical en su tradición, un giro que ni siquiera ante la intelectualidad internacional pasó desapercibido. Autores como T. S. Eliot, Witold Gombrowicz, Alfonso Reyes y Juan Ramón Jiménez apostaron por sus páginas. En Cuba, se constituyó de inmediato en un espacio para divulgar a la más fuerte corriente poética del período y se convirtió, además, en la primera revista intelectual de tan largo aliento. *Orígenes* tuvo una sistematicidad poco común en los proyectos de su tipo en el país; mantuvo una mirada vigilante sobre la evolución de las artes plásticas y, por si esto fuera poco, trascendió sus páginas y se convirtió en una empresa editorial.

Diez años después, diferencias estéticas y personales originaron una ruptura insalvable entre Lezama Lima y Rodríguez Feo. *Orígenes* quedó en manos del primero, mientras su compañero se decidió, en 1955, a fundar la "nueva revista," *Ciclón*; para la cual buscó la colaboración de Virgilio Piñera, autodenominado antagonista de Lezama, el poeta "menos lezamiano" de su generación. Hasta décadas recientes la historia de *Ciclón* se agotaba en enunciados muy similares a las líneas anteriores.

El libro *Tiempo de* Ciclón, publicado en La Habana, en 1995, por el investigador Roberto Pérez León, fue el primer paso importante en el reconocimiento de la autonomía de la publicación. Años antes, el académico Kessel Schwartz había publicado desde la ciudad de Miami, Estados Unidos, un par de artículos sobre la historia de la revista, donde describía los principales temas abordados en sus páginas y enlistaba a algunos de sus colaboradores. Esta parquedad sobre *Ciclón* no deja de ser llamativa porque, autores tan diferentes como Severo Sarduy y César López, la reconocieron siempre como el espacio donde iniciaron sus respectivas carreras poéticas.

Pero, a la vez, la distancia ante *Ciclón* puede ser comprensible si se toma en cuenta que, desde finales de la década de 1960, sus colaboradores más asiduos fueron censurados en Cuba debido a la política oficial impulsada por el nuevo gobierno revolucionario. Guillermo Cabrera Infante, José Triana, Antón Arrufat, el propio Virgilio Piñera, sufrieron un conocido proceso de segregación en el medio artístico cubano, que llevó a los dos primeros a emigrar en diferentes momentos; tomando un camino que ya transitado por otros colaboradores de la revista, como Severo Sarduy, Julio Rodríguez Luis, Humberto Rodríguez Tomeu, Nivaria Tejera. Y es que los nombres que representaban a *Ciclón* perdieron, en definitiva, una pugna por el poder cultural cubano que acaso ellos mismos habían fomentado.

Por estos motivos, la ruptura de *Orígenes* puede considerarse como el verdadero cierre de un ciclo histórico cultural, que había estado conformado por publicaciones como *Revista de Avance*, *Espuela de Plata*, *Nadie Parecía*, *Poeta*, *Clavileño*, mientras *Ciclón*, como autodenominada "nueva revista," fue el inicio de una otra época revistera y artística. No solo porque estuvo más abierta a la experimentación estética, a la inclusión de géneros literarios diversos; también por su actitud contestataria ante el entorno social y por las decisiones formales de sus creadores, mismas que legan al presente una publicación aún equilibrada en su diseño, visualmente atractiva. Pero la época que iniciaba *Ciclón* quedó, a la larga, también inconclusa. Con ella arrasó el torbellino de la Revolución cubana, al tensar en caminos políticos los hilos que correspondía mover a la cultura nacional.

Dos décadas literarias del siglo XX en Cuba fueron truncadas de forma similar en el impulso cultural que auguraban. En ambos casos estos sesgos se debieron a radicales rupturas económicas y políticas que se produjeron a nivel nacional e internacional. Cuanto estaba aconteciendo en el panorama literario, social, incluso industrial, de los años cincuenta en Cuba quedó opacado por la irrupción de los discursos sobre el "hombre nuevo" promovidos por el gobierno revolucionario a partir de 1959, y con más fuerza desde 1961, cuando se declaró el carácter socialista del proceso político. La década de 1980, la primera en que sucesos migratorios de tanto impacto como la ocupación de la Embajada del Perú o la salida masiva por el Mariel, impidieron a Fidel Castro seguir sosteniendo el discurso internacional de que en Cuba todos pensaban igual, también se vio frustrada debido a la debacle provocada por la mayor crisis económica que vivió el país en el siglo XX. La crisis, ampliamente conocida como Período Especial, inició en noviembre de 1989 con la caída del muro de Berlín y muestra aún sus huellas en el imaginario nacional.

La crítica especializada en el tema Cuba no parece muy interesada en estudiar estos dos períodos: ni los años cincuenta, ni los ochenta. Cierta zona de la investigación, académica y no, padece aún de cierto efectismo en la selección temática para abordar la historia nacional: Al revisar las publicaciones periódicas de ambas décadas, al abordar el panorama de la industria editorial, al analizar el discurso político predominante en cada caso, queda absolutamente claro que los más atractivos años sesenta y noventa nacieron en sus décadas anteriores, se forjaron en las décadas que los precedieron de una manera definitiva y no fueron, para nada, la explosión inesperada que discursos legitimados han forjado a golpe de repetición.

Es importante pensar en esta coincidencia cuando se promueve la relectura de una revista como *Ciclón*. Porque la decepción social, experimentada abiertamente por cubanas y cubanos desde los años ochenta, favoreció que buscaran respuestas a sus crisis existenciales y nacionales precisamente en la obra de escritores y artistas que habían sufrido marginación o censura por representar en sus creaciones a la Cuba triste de los cincuenta y a la Cuba llena de incertidumbre de los sesenta. En medio de esas búsquedas de los ochentas, cubanas y cubanos (re)encontraron, en definitiva, el espíritu de *Ciclón* y de sus principales colaboradores, como Virgilio Piñera, Calvert Casey, José Triana.

La rehabilitación cultural de sus obras en el panorama nacional probó además cómo el espíritu contestario simbolizado por *Ciclón* había sido acallado de forma antinatural, para permanecer bajo la superficie de las expresiones más visibles de la literatura durante décadas. Este resurgir es prueba fehaciente de que ningún proceso artístico nace ni muere violentado por decisiones políticas, sino alimentado por muy diversas circunstancias sociales, históricas y económicas.

El ensayo que aquí se presenta rastrea qué estilos y temas de la literatura comenzaron a hacerse recurrentes en Cuba gracias a *Ciclón*. Así como las contribuciones de la revista a las polémicas culturales y políticas más importantes de su época. Las páginas siguientes muestran cómo el canon literario propuesto por *Ciclón*, a pesar de ser único en el abordaje de temas, en las intenciones de experimentar con el lenguaje, quedó escindido de forma arbitraria debido a las viejas pugnas personales que minaban la literatura cubana desde los años treinta del siglo XX, y que la Revolución cubana supo alimentar al legitimar el discurso de un grupo artístico sobre otro.

Ciclón fue, mientras existió y aún varias décadas después, un espacio único donde la literatura cubana pudo convivir en casi todas sus expresiones, sin renunciar a la crítica político-social. El origenismo, con su visión católica e idílica del trópico, fue quizás la fórmula más ausente de sus páginas. Aunque vale la pena analizar en el futuro cómo desde su oposición, el antiorigenismo, también estuvo presente de alguna manera en el trazado literario que propuso la revista dirigida por Rodríguez Feo.

Inicia este libro con la reconstrucción de las polémicas que dieron luz a *Ciclón*. Pero ¿por qué retomar una historia que ha sido esbozada antes y que parece formar más parte de *Orígenes* que de su sucesora? Primero, porque en dichas polémicas se hayan los motivos del nacimiento de la revista, pero también las principales justificaciones de la política editorial que asumió. Segundo, porque nunca antes se ha puesto a dialogar en un solo espacio tanto material, publicado e inédito, sobre el nacimiento de *Ciclón*. Tercero, porque la mayoría de las batallas que se libraron en la revista en contra de su entorno tuvieron su origen precisamente en esas primeras polémicas. Tres oposiciones sobresalen en el camino hacia la fundación de la revista: la de Piñera con Lezama, que comenzó en la década de 1940 y se extendió indistintamente hasta 1976; la de Lezama con Rodríguez Feo, que dio al traste con *Orígenes* en 1954; y la de Juan Ramón Jiménez con los poetas españoles de la Generación del 27, que al usar como vehículo a *Orígenes* apresuraron su ruptura y marcaron la historia literaria cubana. Dos números de *Orígenes*, dirigidos exclusivamente por Rodríguez Feo, nacieron de esa época de oposiciones. Su análisis aquí permite identificarlos como números "cero" de *Ciclón*, y también como el nicho material de una gran cantidad de textos.

La literatura, el homoerotismo, la prostitución y las migraciones son algunos de los temas que aparecen con más recurrencia en las narraciones, poesías y ensayos publicados en *Ciclón*. Su reiteración refleja una inclinación ideológica hacia ciertas expresiones de la libertad existencial; pero también pauta las principales corrientes literarias del momento y el cambio que se está produciendo en la autorepresentación del mundo como espacio de crueldad después de la Segunda Guerra Mundial. La marca de estas temáticas en la poética de muchos de los colaboradores cubanos de *Ciclón*, entre los que sobresalen Piñera, Sarduy, Casey, Tejera, permite afirmar además que fueron sus años alrededor de la revista los verdaderamente fundamentales en su consolidación literaria, y no necesariamente la negación o aceptación del sistema cultural que experimentaron después del triunfo de la Revolución.

Analizar el conjunto de la revista, número por número, habría sido válido si tenemos en cuenta que sus colecciones completas son escasas. Pero el resultado habría sido, sin duda, aburridísimo. Además, el ejercicio se habría alejado demasiado de cómo se perciben en realidad las revistas literarias al cabo de su existencia, como ese manojo de textos, constitutivo de un discurso intencionado; pero a la vez disperso. *Ciclón*, como proyecto editorial, no es solo un impreso de 17 por 24 centímetros, es sobre todo sus temas más recurrentes, sus autores más publicados, sus peleas culturales y personales, las lecturas que hacían sus realizadores por estos años. Es un proyecto editorial que permite conocer mejor a la Cuba de los años cincuenta y entender mejor la de los años sesenta, pero es sobre todo el retrato de José Rodríguez Feo.

Una fuente fundamental de la investigación ha sido la correspondencia intercambiada tanto entre Piñera y Rodríguez Feo, así como entre ellos con diferentes personalidades del mundo literario. Algunas cartas publicadas, otras muy importantes que al escribir este ensayo permanecen inéditas, sirven todas para abrir el universo de explicaciones sobre el funcionamiento interno de *Ciclón*, para aclarar especulaciones innecesarias sobre el origen de algunos textos, para develar desacuerdos, y también sesgos y alumbramientos en las posturas éticas de sus creadores.

En 2019 se cumplió medio siglo de la desaparición definitiva de *Ciclón* del panorama de las letras cubanas. Aunque se silenció en 1957 debido al incremento de las tensiones sociales en Cuba, fue en 1959 que Rodríguez Feo y Piñera desistieron para siempre de ella. Paradójicamente, su impronta y la de sus colaboradores en la formación del canon literario nacional se augura más clara en el futuro. Los vientos de *Ciclón* se siguen colando por los resquicios del universo cultural de donde, sin importar las leyes de los hombres, nunca pudo borrarse su nombre. Como se verá en páginas sucesivas, no existen testimonios extensos ni pruebas exactas que aclaren los motivos de su abrupto final. Mas en el arte se conservan intactas algunas de las motivaciones de sus inicios: la creación literaria debe ser siempre y solamente un espacio de libertad. *Ciclón* representó esa rebeldía ante lo establecido, y en esa rebeldía radica, precisamente, su vigencia. ⊞

¿UN CANON LITERARIO?

La historia de la literatura cubana del siglo XX está mal contada. No es una frase de efecto. El triunfo de la Revolución, el 1ro de enero de 1959; la inclinación del proceso hacia una ideología comunista en 1961, así como el dilatado "liderazgo" de Fidel Castro, dividieron en bandos casi idénticos a quienes se han interesado por el tema Cuba en cualquier ámbito, pero especialmente político y literario.

De un extremo se inscribieron quienes se han concentrado, por todos los medios, en demostrar los efectos de la tiranía de los hermanos Castro sobre el país y la injusticia de la política cultural que implantaron después de tomar el poder. Estos autodenominados "defensores de la libertad" enarbolan todavía banderas contra las censuras que sufrieron, principalmente a partir de 1968, escritores como Virgilio Piñera, Guillermo Cabrera Infante, Severo Sarduy, Lydia Cabrera o, más recientemente, Reinaldo Arenas; sin abrir paso a discursos políticos y culturales de nuevas generaciones, que anhelan complejizar dicha narrativa. En el otro extremo están los fidelistas a ultranza, espectros de anquilosada retórica. Aún alaban las oportunidades que el triunfo de la Revolución significó para creadores como Nicolás Guillén, Onelio Jorge Cardoso, o Mirta Aguirre, todos desaparecidos hace décadas.

Empleo, en ambos casos, el sustantivo "extremo" porque la historia de la literatura cubana del siglo XX ha sido contada, en la mayoría de los libros que hoy ocupan los estantes de las bibliotecas, desde extremos opuestos, que dibujan en blanco y negro una realidad que es en colores y tiene texturas. Desde la cómoda conveniencia que ofrecen esas orillas de ideologías, se ha fragmentado, y acaso simplificado demasiado, la evolución de las artes en Cuba, especialmente dentro del país. Una de las grandes víctimas de la polarización cultural en torno a la isla, ha sido la historia de la literatura cubana y con ella la producción literaria. Las consecuencias se perciben a principios del siglo XXI de forma abrumadora, cuando un puñado de escritores y escritoras cubanas llegan a las editoriales internacionales, dejando mucho que desear sobre la calidad de su obra y aprovechando en cambio la misma división política que nos trajo hasta aquí.

Luce más conveniente minimizar, por ejemplo, la paradoja que significó que, en el diario *Revolución* y su suplemento cultural *Lunes de Revolución*, aparecido este último entre 1959 y 1961, muchos de los que fueron luego censurados, como Piñera o Cabrera Infante, emergieran como voces "revolucionarias," que en más de una ocasión abogaron por la exclusión de escritores no comprometidos con la causa. El 10 de diciembre de 1959, en "Aviso a los escritores," Piñera escribió: "Lo peor que pueda ocurrirle a un escritor es ponerse a leer libros donde se le enjuicia, se le emplaza o ataca. Si él no sabe por sí mismo lo que tiene que hacer, por ejemplo, lo que debe hacer frente a la Revolución, no creo que ninguno de esos libritos pretenciosos pueda cambiarlo de reaccionario a revolucionario o de revolucionario a reaccionario" (2).[1] Quienes, por otro lado, acusan a Alejo Carpentier de haber "acomodado" su ideología por conveniencia a los preceptos revolucionarios, para hallar un espacio de poder, obvian que en 1956 publicó su noveleta *El Acoso*, en cuya trama un joven habanero sufre,

---

[1] Ver por ejemplo: Piñera, V. "Aviso a los escritores." *Revolución*, 10 de diciembre de 1959, p. 2. En el texto planteó: "No vamos a recordar, en este aviso, el libro *La traición de los intelectuales* (Benda) ni tampoco *Moral para intelectuales* (Vaz Ferreira) o acaso *El opio de los intelectuales* (Raymond Aron). Estos y otros libros sobre el intelectual no servirían al propósito de nuestro artículo de hoy. Lo peor que pueda ocurrirle a un escritor es ponerse a leer libros donde se le enjuicia, se le emplaza o ataca. Si él no sabe por sí mismo lo que tiene que hacer, por ejemplo, lo que debe hacer frente a la Revolución, no creo que ninguno de esos libritos pretenciosos pueda cambiarlo de reaccionario a revolucionario o de revolucionario a reaccionario. Una toma de conciencia no es cosa a aprender en libros." Y, entre otros, Piñera, V. "Un ataque que honra: La 'Marina' vs. 'Lunes'." *Revolución*, 12 de mayo de 1960, p. 2: "Lo que hay en el fondo de todo esto es ese sabotaje permanente de los contrarrevolucionarios de la cultura." Se refirió así a escritores cubanos como Gastón Baquero, Medardo Vitier y otros. Guillermo Cabrera Infante fue el director de *Lunes de Revolución*, y la primera persona que promovió el trabajo de Piñera en el diario y el suplemento.

durante los 46 minutos que dura la ejecución de la *Heroica* de Beethoven, una violenta persecución debido a su militancia política contra Gerardo Machado.

La generalización de este viciado acercamiento a la literatura cubana, como si solo existieran en su cauce víctimas y victimarios, tiene consecuencias que se expanden del pasado hacia el futuro. Primero, porque estas perspectivas en conflicto han minado también a los estudios literarios foráneos. Segundo, porque aún está por escribirse una historia literaria donde confluyan —con una mediación más cultural que política— el canon institucionalizado dentro de Cuba junto al que ha crecido fuera de ella, lejos de la censura e incluso del contexto criollo.[2] Tercero, porque la literatura cubana merece ser valorada como fenómeno progresivo, sin el eclipse ocasionado por los caudillos literarios legitimados, indistintamente, por la crítica de alguno de los extremos. Cuarto —y fundamental—, porque de estas oposiciones ideológicas quedan fuera, injustamente, figuras y sucesos culturales trascendentales para las letras y las artes, pero que permanecieron al margen de escándalos políticos o, que por diversos motivos, la censura no convirtió en víctimas públicas, ni la Revolución victoriosa en héroes del realismo socialista.

Esta historia de la literatura cubana del siglo XX, recreada siempre desde los extremos, desde un permanente "antes" y "después" de la Revolución —que no se concretó necesariamente en el ámbito artístico—, ha convertido en meras menciones a una publicación como *Ciclón* y a un crítico de arte, traductor y mecenas como José Rodríguez Feo. Cuando afirmo esto, no olvido las referencias y citas que se les han dedicado en libros, ensayos y artículos académicos, sobre

---

[2] En 2009, a propósito del aniversario 50 del triunfo de la Revolución, se trató, desde las editoriales cubanas, de unificar este canon disperso. Se produjeron libros como: Valiño, O. y Sarraín, A. (coord.). *Dramaturgia de la Revolución*. Tablas-Alarcos, La Habana, 2009 y Garrandés, A. (sel. y pról.). *La ínsula fabulante: el cuento cubano en la Revolución, 1959-2008*. Letras Cubanas, La Habana, 2008.

los que volveré más tarde. Pero es evidente la carencia de estudios sistemáticos tanto sobre la revista y la producción que contiene, como sobre el hombre que la hizo realidad. José Rodríguez Feo no es un nombre abordado con interés por la crítica que se dedica a investigar las artes cubanas.[3]

La historia no es una ciencia exacta. La confluencia de numerosos sucesos políticos, económicos, locales e internacionales determinan su cauce. Hoy se sabe que fueron muchos y diversos los acontecimientos del siglo XX en Cuba que pusieron en escena el nombre de Rodríguez Feo. Su primera aparición intelectual en el país parece haberse producido en 1944, como traductor de "La ilustración poética," de Parker Tyler, en la revista *Nadie Parecía*, dirigida por José Lezama Lima y el presbítero Ángel Gaztelu. *Nadie Parecía* es considerada hija del disentimiento entre Virgilio Piñera, Cintio Vitier y José Lezama Lima. Así que la tímida aparición del joven Feo en el panorama de las letras cubanas se produjo en un momento de escisión intelectual. Escisión que, irónicamente, marcó toda su participación posterior en el movimiento cultural cubano.

Un año después, en 1944, vivió su primer gran proyecto literario al fundar, junto a Lezama Lima, la revista *Orígenes*. Diez años después, traicionado por Lezama, gestó *Ciclón* en compañía de Virgilio Piñera. *Ciclón*, haciendo honor a su nombre, emergió en un contexto convulso, que fue determinante para su política editorial y su destino. Stuart Hall, en su artículo "La cultura, los medios de comunicación y el 'efecto ideológico'," subraya la importancia de alcanzar una comprensión materialista de los vínculos de las diferentes estructuras sociales, mediante el análisis de la organización concreta de sus relaciones, y de las producciones materiales que en esas interacciones intervienen

---

[3] Mientras culminaba esta investigación, Norge Espinosa organizó en Cuba un coloquio sobre Rodríguez Feo. A partir de dicho evento, se publicó la antología de textos críticos: *Orígenes* de un *Ciclón: Homenaje a José Rodríguez Feo*, Extramuros, La Habana, 2017.

(357-93). Esta perspectiva adquiere relevancia, en el caso de *Ciclón*, porque como proyecto cultural formó parte de las llamadas "neovanguardias" de los años cincuenta y sesenta del siglo xx. Rodolfo Mata señaló estos movimientos como totalmente distintos a los de las vanguardias "históricas" de las primeras tres décadas del siglo, pero con importantes rasgos en común, como el ascenso de la ideología como manifestación cultural (III).

Rodríguez Feo y Virgilio Piñera fueron intelectuales en todo el sentido de la palabra, preocupados, incluso antes de madurar como escritores, por el destino político de su país. En las cartas que intercambiaron entre ellos y con otros amigos, antes de 1959, expresaron una y otra vez su desacuerdo ante la inestabilidad que vivía Cuba. En carta del 14 de mayo de 1954 —inédita aún—, José Rodríguez Feo comentó al intelectual mexicano Don Alfonso Reyes detalles de este tipo:

> Aquí se inaugurará el 18 la Bienal Hispanoamericana. Los artistas cubanos no asistirán y van a hacer una exposición en la Universidad de La Habana en protesta.
> Bueno nada más. Todos preparándonos para las elecciones donde creo volverá a triunfar el General.

El documento, que se conserva en los archivos personales de Reyes, muestra las bien fundadas sospechas de Feo sobre el resultado de los sufragios nacionales. Para 1954 el General Fulgencio Batista había encabezado dos Golpes de Estado en Cuba, en menos de 20 años. El primero de ellos, el 4 de septiembre de 1933, dejó como saldo la instauración de un gobierno conocido como la Pentarquía, a la sombra del que Batista ganó visibilidad y potencial político como jefe del Ejército. El 10 de marzo de 1952, pocos meses antes de las elecciones presidenciales convocadas para ese año, el General repitió la hazaña. Pero entonces no hubo Pentarquía ni Comisión Ejecutiva. Batista se nombró presidente. Su gobierno militarista frustró ciertos avances que, a nivel social, se habían dado en Cuba en la década de

1940, gracias a la gestión del Partido Auténtico. Ha sido bastante estudiado cómo la respuesta social que obtuvo su acción castrista radicalizó el movimiento de lucha estudiantil. Un año después, el 26 de julio de 1953, fuerzas de oposición asaltaron los cuarteles Moncada y Carlos Manuel de Céspedes, en Santiago de Cuba. Ante la inminencia de un estallido social, Batista convocó a esas elecciones del 1ro de noviembre de 1954, que Rodríguez Feo refirió en su carta a Reyes.

Algunos meses después de la misiva, a finales de julio de 1954, Batista anunció que competiría como candidato. Pidió una licencia como presidente y se postuló como representante de los partidos políticos que habían apoyado el Golpe de Estado del 10 de marzo (Acción Democrática, Liberal, Demócrata y Radical). El Tribunal Supremo Electoral negó a los comunistas la posibilidad de inscribir el Frente Unido Nacional. El único candidato opositor fue el expresidente Grau San Martín, del Partido Auténtico. El 31 de octubre de 1954, después del cierre de las campañas, el representante de Grau ante el Tribunal Supremo Electoral, Olba Benito, denunció las persecuciones que sufrían los Auténticos. Como respuesta, Grau, extrañamente, se decidió por una posición abstencionista. Esto permitió a Batista llegar a las urnas como candidato único y, por supuesto, ganar. En febrero de 1955, recibió al vicepresidente de Estados Unidos, Richard Nixon. La visita legitimó al General como figura constitucional, aunque hacia el interior de la Isla se mantenían las tensiones en su contra.

En el breve período que fue desde la carta de Rodríguez Feo a Alfonso Reyes, en mayo de 1954, hasta la visita de Nixon a Cuba, en febrero de 1955, Rodríguez Feo y Lezama Lima se pelearon a muerte; cada uno intentó quedarse con el proyecto de la revista *Orígenes*, lo que provocó que salieron dos números dobles (35 y 36); Rodríguez Feo renunció a seguir con la competencia y dejó la revista a Lezama; contactó a Virgilio Piñera y juntos sacaron el primer número de *Ciclón* en enero de 1955. Todo en menos de un año. Así que *Ciclón* nació en un momento donde no sólo soplaban fuertes vientos entre los intelectuales cubano, sino también fuertes vientos sociales en Cuba. Nombre es destino, dice un viejo proverbio latinoamericano; *Ciclón* no es la excepción.

Una de las diferencias que más se ha señalado entre *Orígenes* y la "nueva revista" ha sido el carácter alienado de la primera ante la postura más política de la segunda. Esto afirmó José Triana en el prólogo que preparó a las cartas entre Lezama y su hermana Eloísa (20-21). Una idea manejada luego por Roberto Pérez León en *Tiempo de Ciclón* (76). Piñera llegó a señalar que en las páginas de la nueva revista se libraron batallas contra una cultura oficial que aspiraba a convertir a los escritores en ciegos, sordos y mancos. En su texto "Exhortación a Rodríguez Feo," calificó a *Ciclón* como reducto contra un brazo de la dictadura, nombrado Instituto Nacional de Cultura y contra su polémico director Guillermo de Zéndegui (2). Esta postura de Piñera dialoga claramente con el último editorial de *Ciclón*, "La neutralidad de los escritores," publicado en el único número que salió en 1959. En el texto, Rodríguez Feo aseguró que la publicación había desaparecido durante 1958, en señal de apoyo a la lucha que los jóvenes libraran contra el gobierno de Batista.

Según Graciella Pogolotti la diferencia entre ambas revistas se explica de forma más sencilla (12). Concuerdo con ella cuando asegura que las características más agresivas de *Ciclón* correspondieron en realidad a la convulsión social que se experimentaba en la década de 1950, tiempos que fueron sobrevividos por una escasa actividad literaria.

El libro *Virgilio Piñera, de vuelta y vuelta. Correspondencia 1932-1978* recoge testimonios que muestran cómo, desde 1953, Piñera elogiaba que La Habana se hubiera convertido en una ciudad llena de edificios magníficos, de muebles de nylon y de mil cosas que en Buenos Aires se ignoraban. Pero aseguraba que no era un lugar para vivir, debido a la pobreza y al comportamiento exaltado de la gente en la calle. La implementación de políticas culturales o de espacios artísticos continuaba brillando por su ausencia, lamentaba Piñera.

En una carta abierta, destinada "Al Señor Fidel Castro" y publicada en el *Diario Libre*, en marzo de 1959, Piñera volvió a enumerar todas las negativas que tradicionalmente habían sufrido los escritores cubanos cuando trataban de publicar en periódicos, y como, cuando lo lograban, muchas veces no recibían honorarios por ello. Describía así una situación que acompañó los últimos días de *Orígenes* y también la breve vida de *Ciclón*. La carta está recogida en el volumen *Viaje a los frutos*, compilado por Ana Cairo (58), un libro que incluye otros documentos, como la intervención de José Rodríguez Feo en una Mesa Redonda televisada en 1959, donde redundó la misma idea al decir que:

> En Cuba el escritor rara vez ha logrado una consideración semejante a la que se le otorga en otros países; ha vivido al margen de la sociedad, escondido en su gabinete haciendo una obra de minoría, dirigida a una minoría. Casi se encuentra en una situación histórica paralela a la de los románticos del siglo pasado quienes se sentían olvidados y despreciados por la burguesía y el estado. Sus lamentaciones, sus diatribas contra el medio ambiente que no los estimula y los ignora tienen un tono romántico un tanto patético. Se podrían analizar otras causas como son la falta de medios para publicar, el hecho triste pero real de la ausencia de un gran público lector entre nosotros, la indiferencia de los críticos y de la prensa hacia sus empeños. (63)

Tanto Rodríguez Feo como Piñera estaban esperanzados con el nuevo proceso político que iniciaba el 1ro de enero de 1959. A la vez que resentían como reciente esa conciencia de imposibilidad de realización histórica e identitaria que prevaleció durante los últimos años de la República y de la cual la poesía ha dejado testimonio, tal como analiza ampliamente Jorge Luis Arcos en su prólogo al libro *Las pa-*

labras son islas. Arcos asegura que a pesar de la consecución de fracasos históricos que se dieron en Cuba, los escritores no dejaron de dialogar con todas las corrientes que en el mundo cambiaban rostro y esencia de las artes, y especialmente de la literatura (XXXV).

Todas estas complejas circunstancias políticas con consecuencias culturales confluyeron en *Ciclón*, mediaron su fundación y determinaron su propuesta. Después de la decepción de la Segunda Guerra Mundial, del terror de las bombas nucleares, de los sucesivos fracasos políticos de los gobiernos cubanos, debió tejer en sus páginas el universo en que se fragmentaba la realidad literaria y política de Cuba. Su propia conformación como proyecto editorial fue un maremágnum de confrontaciones, un camino de disidencias literarias que comenzó muchos, muchos años antes de que sus primeras páginas salieran de imprenta, y que ha quedado traspapelado de un lado y del otro de un canon literario cubano, aún demasiado polarizado para ser comprendido en todas sus complejidades.

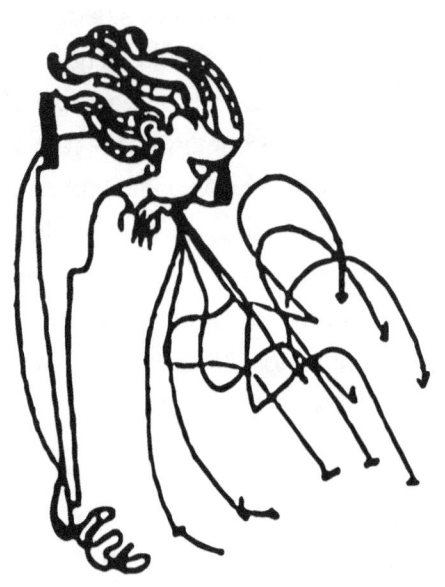

CAMINOS DEL "INTERREGNO CICLÓNICO"

A favor de la omisión de *Ciclón* de las páginas doradas de la historia de la literatura cubana jugaron su papel diversos factores. Uno de ellos es la forma en que se han fragmentado los planteamientos que acompañaron su nacimiento. Kesse Shwartz sugiere en su artículo "*Ciclón* and Cuban Culture" (152) que en las páginas del primer número de la revista se presentó como único programa literario la negación de todo vínculo estético y temático de la literatura promovida por su predecesora *Orígenes*. Así lo demuestra el más citado de los editoriales de la revista, desde su ambicioso título: "Borrón y cuenta nueva." Aparecido en el número 1 de 1955, planteó, nada más y nada menos, que "borrar de un plumazo a un *Orígenes* anémico," para dar paso a "*Ciclón*, la nueva revista." Su perspectiva abundaba en el hecho de que *Orígenes* "tras diez años de eficaces servicios a la cultura en Cuba" se había vuelto un "peso muerto."

Pero la aparente falta de perspectiva de los cicloneros sobre la trascendencia de los origenistas en la historia literaria cubana era solo aparente. Cuando una revista ve la luz por primera vez, aunque tenga objetivos claros, es incapaz de proyectar cuál será su verdadera función en el campo literario que la dio a luz. Y los hacedores de *Ciclón* desconocían que se convertirían en una de esas publicaciones de minorías que surgen para asegurar la continuidad de la cultura, como escribió T.S. Eliot en *The Criterion* (Bianco 213). Desde esa condición particular era imposible que *Ciclón* borrara la huella de *Orígenes*, identificada con una época política muy diferente, con otra estética literaria e incluso con un grupo más numeroso de intelectuales. Y, de hecho, borrar a *Orígenes* no fue su único objetivo, fue el objetivo planteado en primer lugar, con más ahínco. Pero lo que hacía *Ciclón* con "Borrón y cuenta nueva" era introducirse en la tradición literaria cubana desde la negación al otro, desde el fratricidio poético. Esto usando el antiorigenismo como una forma de sucesión literaria.

El hecho de que no se plantearan afirmativamente todos los objetivos de la nueva revista en un manifiesto, al estilo de los movimientos más conocidos de la época, fue confundido con un acto de equivocación histórica. Pero era, en realidad, un síntoma del cambio que representaba la publicación en el campo cultural cubano. A esta falta de visión para valorar los objetivos de *Ciclón* se sumó, sin dudas, la ingenuidad de todos los implicados en el conflicto al atribuir a una única y particular polémica literaria el quiebre de las relaciones entre Rodríguez Feo y José Lezama Lima, sin ahondar en el verdadero disentimiento estético y moral detrás del hecho sucedido en 1954. Más de uno ha asumido estos argumentos como una verdad absoluta, para repetir hasta el cansancio que un hecho frívolo marcó el final de *Orígenes* y el nacimiento de *Ciclón*.

Estos desencuentros personales entre Lezama y Rodríguez Feo en realidad tuvieron profundos orígenes estéticos, aunque su detonante definitivo haya sido la aparición de "Crítica paralela" (3-14), de Juan Ramón Jiménez, en el número 34 de *Orígenes*, 1954. Como ha sido estudiado hasta el cansancio, el poeta de Moguer arremetió con saña en su texto contra Jorge Guillén, Vicente Aleixandre, Jorge Cernuda y Pedro Salinas. Días después, Rodríguez Feo pidió a Lezama que aclarara públicamente que no había tenido nada que ver con la publicación de "Crítica paralela." Lezama se negó a hacer la aclaración. El autor de *Muerte de Narciso* aseguró, en una carta a Juan Ramón Jiménez, que Rodríguez Feo conocía de antemano todo el material que sería publicado en la revista (*Tiempo de Ciclón* 143). Ante estas diferencias entre los dos directores sobrevino una ruptura, cuyo conflicto se mantuvo en braza viva hasta 1955. Pero un análisis más detallado de la correspondencia entre Lezama y Rodríguez Feo muestra como, en realidad, procesos culturales más complejos se encontraban detrás de sus desavenencias. Las diferencias entre ambos eran probablemente insalvables en cualquier escenario y la publicación de "Crítica paralela" solo las apresuró. No hay que perder de vista que Lezama y Feo pertenecían a dos diferentes universos literarios y también sociales.

En 1927, en su ensayo "Sobre la evolución literaria," J. Tinianov advertía sobre el peligro que representaba para los estudios literarios algo que él denominó "psicologismo individualista." Con su definición, antecedente de otros conceptos más actuales asociados al campo literario, criticó cierto enfoque causalista esquematizado que se promovía en el análisis de la literatura. Esto provocaba, a su entender, que la evolución literaria solo se analizara mirando hacia la génesis de los fenómenos literarios (89). Su teorización resume con exactitud la forma en que, hasta el presente, se ha manejado el papel de *Ciclón*: siempre desde su nacimiento, nunca desde su rol en el proceso de evolución o conformación de la literatura cubana de la segunda mitad del siglo. Aunque, sin dudas, un poco más atendida ha sido su concepción como programa cultural.

Hasta el momento en que se publica este ensayo, dos investigaciones de largo aliento se han dedicado integra y seriamente al estudio de la revista. La primera se titula *Tiempo de Ciclón*. Es un ensayo escrito a finales de la década de 1980 y principios de 1990 por Roberto Pérez León. Este se concentra, sobre todo, en explicar "la génesis de *Ciclón*" —y es llamativo que emplee el mismo término denunciado por Tinianov— como el de un suceso que partió de "una serie de componentes de orden cosístico, espiritual y humano" (9). El investigador maneja el mito de que la ruptura de *Orígenes* había promovido el nacimiento de *Ciclón*, porque el cisma se debió a una diferencia personal entre Rodríguez Feo y Lezama a partir de la publicación de "Crítica paralela."

Pérez León recogió detalles muy útiles de la progresión de la polémica entre los poetas españoles, y ubicó el inicio de estos debates en el lejano 1932. Especuló sobre cómo y por qué la polémica peninsular llegó a las páginas de *Orígenes*. Luego reunió breves declaraciones de quince de los cuarenta y dos colaboradores cubanos de *Ciclón*. Declaraciones que, dicho sea de paso, fueron indistintamente recopiladas a partir de entrevistas, fragmentos de artículos u otros documentos de archivo no referenciados por el ensayista. El libro continúa con fragmentos de cartas, en orden cronológico, todas anteriores al nacimiento de la revista, donde se muestra —otra vez— la profunda amistad que unió a Lezama con Juan Ramón y a Rodríguez Feo con Jorge Guillén y Vicente Aleixandre. *Tiempo de Ciclón* cierra sus páginas con un índice de colaboradores, que coincide con el presentado por el *Índice de las Revistas Cubanas*, mismo que había sido publicado en 1969.·

La segunda de esas investigaciones se titula *Cartografía cultural de* Ciclón *(La Habana 1955-1957/1959)*, es una tesis de doctorado, que fue presentada en agosto del 2015 por la investigadora colombiana Francy Liliana Moreno Herrera en la Universidad Autónoma de México. Antes de escribir este texto, Moreno realizó una investigación sobre las revistas *Sur* y *Orígenes* como espacios de invención de una cultura literaria en sus respectivos países. Su trabajo fue publicado por la UNAM bajo el título *La invención de una cultura literaria: Sur y Orígenes. Dos revistas latinoamericanas del siglo XX* (2014). En ambos casos, la estudiosa asumió conceptos de la teoría literaria —invención literaria y cartografía cultural, respectivamente— y los aplicó a la historia de las revistas. La idea fundamental que maneja su tesis de doctorado sostiene que "*Ciclón* no es una revista de largo aliento que haya sido algo similar a una 'institución' canonizada por la crítica como lo fueron sus antecesoras, sino que más bien es testimonio de una época de cambios culturales significativos." Moreno aspira a dar cuenta de cómo "los dos editores [Piñera y Feo] participaron en esa coyuntura y también de los tránsitos que se dieron alrededor de esa revista: tránsitos que cubrieron un espacio geográfico de circuitos continentales" (15).

Esta revisión particular, con una mirada más actualizada que su predecesora, se concentra en las figuras de José Rodríguez Feo y Virgilio Piñera como hacedores de *Ciclón,* a la vez que analiza tópicos e influencias puntuales presentes en la publicación como el antiorigenismo, la crítica al escritor, la sexualidad, el absurdo y lo grotesco. Para probar su hipótesis, la autora se concentró en varios conjuntos de textos, provenientes sobre todo de La Habana y Buenos Aires. Esto, a pesar de que, al hacer un análisis cuantitativo de la nacionalidad de los autores publicados en la revista, sobresale que si bien la mayoría fueron cubanos (44), éstos estuvieron seguidos por los españoles (25), y sólo después por los argentinos (20). Los argentinos aparecieron en más números (13), comparados con los españoles (10), pero fueron éstos últimos los que más ensayos publicaron (9) después de los nacionales (13). En total, intelectuales de 19 países colaboraron en la revista, un número respetable para la época, que confirma a *Ciclón* como dueña de similares pretensiones internacionales a las de *Orígenes*.

Pero si creó una tan extendida red intelectual durante su breve existencia, ¿por qué la revista no ha sido atendida en la historia de la literatura cubana con el mismo interés que su antecesora? A la polarización que comenté antes en los estudios sobre literatura cubana del siglo XX, contribuyen, en el caso del silencio que ha pesado sobre *Ciclón*, la carencia de divulgación, hasta ahora, de nuevos estudios sobre la revista que fueran más abarcadores que *Tiempo de Ciclón*, un texto muy necesario en su momento, pero atravesado por numerosas limitaciones bibliográficas y analíticas. Contribuye además la breve vida de la revista con quince números, catorce de los cuales aparecieron con regularidad entre 1955 y 1957; así como la imposibilidad de hallar una colección completa en las bibliotecas de Cuba, México y Estados Unidos. A todas estas condiciones puede sumarse el eclipse que, en las últimas décadas, representa la presencia de Virgilio Piñera para todo proyecto editorial donde participó, por la furibunda forma en que su figura se ha puesto de moda dentro y fuera de Cuba, especialmente desde su centenario en 2012. Todo esto devuelve al presente una revista prácticamente virgen en el campo cultural cubano. El autor cubano Norge Espinosa explicó estas circunstancias de una forma muy concreta en su libro de ensayos *Notas "en" Piñera* al decir que "*Ciclón*, a la manera de *Orígenes*, era un proyecto, un concepto programático, y no solo una revista, es lo que escapa a la vista de algunos" (75-76).

No debe pasarse por alto además el hecho de que los origenistas más reconocidos, como Lezama Lima y Cintio Vitier, aceptaron de forma temprana el estatismo del que se les acusó en los primeros números de *Ciclón*. La reiteración de sus posturas hizo lucir como innecesarios los ataques de Rodríguez Feo contra el grupo de Orígenes. El texto introductorio que Vitier preparó para las *Obras Completas* de Lezama, aunque fechado en 1975, es uno de los ejemplos de la simplificación a la que los origenistas sometieron el carácter polemista de *Ciclón* durante su proceso de construcción del canon literario nacional:

> Precisamente al cumplirse esos diez años, con motivo de la discrepancia entre Lezama y Rodríguez Feo, este último se separó de la dirección de la revista y, después de editar dos números "paralelos" que dan la sensación de lo apócrifo, fundó *Ciclón* en 1955, apoyado por Virgilio Piñera y otros intelectuales afines. El núcleo mayor de *Orígenes*, reunido en torno a Lezama (Ángel Gaztelu, Cintio Vitier, Eliseo Diego, Julián Orbón, Octavio Smith, Fina García Marruz y Lorenzo García Vega), mantuvo la revista con crecientes dificultades económicas hasta 1956. (XXVI)

Witold Gombrowicz, en su maravilloso texto "Contra los poetas," publicado en el número 5 de *Ciclón* de 1955, aseguraba que sólo frente a un enemigo es posible verificar nuestra razón de ser, porque la oposición es la que devela los puntos débiles, pero también la que pone un sello de universalidad a nuestro trabajo (9-16). El grupo origenista supo aprovechar en sus textos posteriores la existencia de una revista como *Ciclón* para legitimar de alguna manera su natural expansión histórica en múltiples moldes literarios. *Ciclón* tuvo en cuenta la existencia de su gran "enemigo" *Orígenes*, pero definió su continuidad desde la negación. La negación se presta siempre a la confusión. Rodríguez Feo como director de la nueva revista, y Piñera como su secretario de redacción, entendieron a tiempo que, si ridiculizaban al "enemigo" que habían elegido, se insertaban en su propia tradición, pero no tuvieron en cuenta los riesgos para la percepción crítica que esta postura suponía.

Para Jorge Luis Borges la única manera de hacer realidad una revista es a través de la afortunada confluencia de un grupo de personas que compartieran convicciones y odios (Rodríguez Monegal 213). Está claro que, a los implicados en la fundación y desarrollo de *Ciclón*, los unió el rechazo al lezamismo poético y al creciente sello que *Orígenes* impuso a toda la literatura cubana de mediados del siglo XX. Lo que no es fácil justipreciar, después de tantas lluvias, es el peso de los múltiples factores que permiten, en pleno siglo XXI, despegar las páginas del intempestivo *Ciclón*, que han permanecido unidas.

Si bien los nombres de José Rodríguez Feo y de Piñera afloran de inmediato en la memoria cuando se menciona a la revista, son secundados por los de los colaboradores cubanos más asiduos como Guillermo Cabrera Infante, Severo Sarduy, Luis Marré, Antón Arrufat, Fayad Jamís, el pintor Mariano Rodríguez, entre otros. Lo curioso es que Piñera jugó para *Ciclón* un rol similar al que Feo había jugado antes para *Orígenes*. Cada uno en su momento coordinó la mayoría de las colaboraciones de autores extranjeros; garantizó la circulación de las revistas en el exterior de la Isla y alertó sobre la carencia o abuso de determinadas tendencias literarias.

Entre 1945 y 1953, mientras aumentaba el auge y reconocimiento de Orígenes como grupo literario, Rodríguez Feo pasó extensos períodos fuera de La Habana o de Cuba; meses, a veces años, compartidos entre las fincas de su familia en Oriente, sus estudios en Estados Unidos, Canadá, y sus viajes de turismo a México, España, París. Después de que salió el primer número de *Ciclón*, Virgilio partió a la que fue su tercera y última estancia en Argentina, extendida irregularmente desde febrero de 1955 hasta febrero de 1958. Por supuesto que son también notables las diferencias que mediaron su participación en ambos proyectos editoriales: si Feo tenía 24 años cuando fundó *Orígenes* y era miembro de una de las más acaudaladas familias de la industria azucarera de Cuba, Piñera tenía 43 cuando se creó *Ciclón* y, como hijo de un agrimensor y de una maestra de escuela, vivió numerosas privaciones económicas durante toda su vida.

Pero son las coincidencias —viajes, coordinaciones, promociones— las que permitieron que se conserve numerosa correspondencia entre Lezama Lima y Rodríguez Feo, entre 1945 y 1953, y, a partir de 1955, entre Rodríguez Feo y Piñera. Las misivas que intercambiaron en cada época funcionan como testimonio de los procesos de conformación de varios números de *Orígenes* y luego de *Ciclón*, de las ideas que compartieron como intelectuales, de las contradicciones que enfrentaron.

Gracias, en lo fundamental, a estos documentos es posible transitar diversos caminos que permiten comprender el proceso de conformación del grupo reunido en *Ciclón*. No es fortuito que todos esos senderos histórico-literarios, atraviesen polémicas culturales y desencuentros personales que, muchas veces, incluyeron a sus protagonistas, pero no se limitaron a ellos.

A diferencia de los origenistas incondicionales (Vitier, Eliseo Diego, Fina García Marruz), autoproclamados seguidores de Lezama, aguijoneados hasta la eternidad por sus sentimientos de alumnos frente al gran maestro, el grupo de *Ciclón* se conformó en base a esa puesta en crisis del otro, actitud muy útil en la solidificación de una poética plural.

En *Lo cubano en la poesía*, Vitier escribió que *Enemigo rumor*, el poemario que Lezama publicó en 1941, fue un parteaguas en la literatura nacional y en el desarrollo de una poética personal (441). Testimonios de admiración de ese tipo se sucedieron en los ensayos que escribió durante toda su vida. En definitiva, afianzar la imagen de Lezama en las letras nacionales era ganar un espacio para su propia obra. En la década de 1970, en la "Introducción a la obra de José Lezama Lima," Vitier aseguró que toda distancia cronológica entre Lezama y las sucesivas generaciones de poetas cubanos se debió al desdén lezamiano por "la teoría generacional, junto con ciertas confluencias profundas y la vocación amistosa de la mayoría del grupo" (XXII). Todo lo que lleva a pensar en un grupo Orígenes desde esa noción de escuela que, según Renato Poggioli, presupone un maestro y un método, el criterio de la tradición y el principio de la autoridad (35). Piñera, sin embargo, dio tempranas señales públicas de desacuerdo. En una carta de 1943 se refirió a Lezama como "una cabeza de generación," que siempre sería bicéfala, con aciertos y errores (47). Y aunque siempre reconoció el liderazgo poético de Lezama, más de una vez renegó de él como maestro. José Antonio Portuondo bosquejó estas diferencias en su ensayo *Itinerario estético de la Revolución Cubana*, pero tomó como parámetro los niveles de violencia que él identificaba en las manifestaciones literarias de cada grupo:

> [Al triunfo de la Revolución] existía también un grupo que había estado animando una de las revistas más agresivas del período anterior, la revista *Ciclón* (1955-1959), desprendida de la revista que había mantenido la posición esteticista más característica, que fue *Orígenes* (1944-1956), que giraba en torno al poeta José Lezama Lima, y la cual desarrolló un pensamiento estético muy permeado de raíces católicas, que era un poco puramente teologizante, como por ejemplo en el caso de Lezama, pero que en otros ya tenía una orientación filosófica más firme, como es el caso de Cintio Vitier. [...] (14)

Para Portuondo, *Ciclón* tenía la misma rebeldía "contra todos y contra todo" que había caracterizado a los escritores del *beatnik* en Estados Unidos o a los *young angry men* ingleses. Comprendía la existencia de la revista como "una violenta reacción contra la hipocresía burguesa, una forma de echar en cara a la burguesía toda su falsedad, su quiebra moral, pero fundamentalmente desde el ángulo de la vida sexual, de la hipocresía sexual, sin tocar el fondo del problema: la base económica" (14). A pesar de las dudas que pueden surgir en torno a la lectura profundamente política y marxista de Portuondo sobre la literatura de medio siglo, es justo reconocer que sí existía una violencia latente en la concepción de *Ciclón* y, especialmente, un discurso sostenido en contra de la hipocresía con que se juzgaba socialmente a la sexualidad. Esta provenía de las raíces mismas de la revista, de su nacimiento como protesta ante la existencia del proyecto *Orígenes* que ellos percibían como "peso muerto" en la cultura nacional y que negaban como antecedente. Pero su violencia nació, sobre todo, de la forma intempestiva en que se conformó cierto espíritu de grupo literario, que hasta ese momento no había existido entre sus miembros, muchos de los cuales no se conocían antes de la fundación de la revista.

A comprender mejor a qué me refiero ayuda el análisis de las polémicas literarias y estéticas que funcionaron como caminos hacia ese "interregno ciclónico." Los debates dentro de y fuera de *Ciclón*, antes y durante su existencia, explican la conformación de ese grupo, emergente y diverso, aglutinado en torno a la revista. Las alianzas que permitieron la creación de *Ciclón* no nacieron tanto de amistades o ideales compartidos, como de "enemigos" en común. La guerra fratricida que intentó iniciar *Ciclón* en contra del hermano mayor y de la tradición conservadora, ambos representados por Lezama Lima, marcó no solo su nacimiento, también la selección de sus temas, su política editorial, e incluso la selección de su nombre. El breve, pero detallado análisis de cada polémica que conduce a su fundación es útil para comprender la historia de la revista, porque cada polémica es también una puerta de entrada para los más reconocidos nombres publicados en *Ciclón*.

COINCIDENCIAS DISIDENTES

(Virgilio Piñera vs. Lezama Lima vs. Cintio Vitier)

El acto de disentir marcó la vida intelectual de Virgilio Piñera. En noviembre de 1948, José Lezama Lima dejó temprano testimonio de este comportamiento. A propósito del estreno de la pieza piñeriana *Electra Garrigó*, Lezama comentó en carta a Rodríguez Feo: "La crítica, idiota y burguesa, le ha sido tremendamente hostil, cosa que a él le habrá agradado y hecho soñar en las protestas, chiflidos y zanahorias lanzadas a los románticos, a los existencialistas y a todos los que desean un pequeño y sabroso escandalito" (*Mi correspondencia* 130).

La respuesta de Piñera, en efecto, estaba en gestación en el instante en que Lezama escribió su carta. En noviembre de 1948 publicó, en la revista *Prometeo*, el ensayo "Ojo con el crítico," para ilustrar la total incomprensión que sufría su obra. Calificó a la crítica cubana de inculta, filistea, hecha por dramaturgos fracasados. Su polémica se extendió. En carta a José Manuel Valdés Rodríguez, entonces presidente de la Asociación de Redactores Teatrales y Cinematográficos de Cuba, Virgilio negó la retractación que dicha organización le pedía sobre su postura y reafirmó todos sus criterios (91-92). Sobre ellos insistió aún once años después, en agosto de 1959, en el artículo "Un crítico que se las trae" (9), publicado en el diario *Revolución* bajo el seudónimo de El Escriba.

Lezama Lima no predijo la magnitud de la ira piñeriana porque fuera adivino, sino porque conocía de sobra el temperamento del escritor, al cual había tenido que enfrentarse en más de una ocasión, y del que Rodríguez Feo también había sido víctima. Piñera comenzó a colaborar con Lezama Lima a partir de la creación de la revista *Espuela de Plata*, cuando ambos coincidieron en el ambiente universitario y literario de una Habana en crecimiento. En la escritura piñeriana de la época, es posible identificar a un joven obsesionado con la poesía. En el número E-F de *Espuela de Plata*, correspondiente al período abril-julio de 1940, el nombre de Virgilio Piñera apareció por primera vez entre los miembros del consejo editorial. Publicó su prosa poética "Poesía y crimen." En el breve texto defendió que "todo el misterio de la poesía cumplía su evidencia en cada uno de aquellos tenues corpúsculos silenciosos" (142-44).

Su retórica panteísta se identifica claramente con la de José Lezama Lima. Se hicieron más cercanos en la época. Pero avanzado 1941, Piñera recibió la noticia de que la revista se declararía católica e incluiría entre sus directores al Padre Ángel Gaztelu. La decisión de declarar abiertamente la fe de *Espuela* desató una polémica, privada en su momento, entre Piñera y los directores de la publicación Lezama, Mariano Rodríguez y Guy Pérez Cisneros. El 2 de mayo de 1941, Piñera envió una carta a Lezama donde explicó sus motivos en el desacuerdo, al que otorgó "orígenes personales no intelectuales" (31):

> He tenido que soportar que este mismo maniqueo [Guy Pérez Cisneros], con un pudor e insinceridad que eran de esperarse por su misma condición maniqueísta, me comunicase como un gran descubrimiento que *Espuela de Plata* era una revista católica y que se había tomado el acuerdo de elegir al buen presbítero [Gaztelu] porque todos ustedes (ustedes son el poeta, el pintor y él) eran católicos, no ya sólo en sentido universal del término sino como cuestión dogmática, de grupo religioso que se inspira en las enseñanzas de la santa madre Iglesia. (33)

Después de su protesta aún vio la luz, en julio de 1941, el primer libro de poesía de Piñera, *Las Furias*, bajo el sello Cuadernos Espuela de Plata. En una carta a propósito de esa publicación, el autor agradeció a Lezama porque los versos de *Las Furias* "te pertenecen tanto como a su poeta" (34). Pero un mes más tarde también salió de imprenta el que fue el último número de *Espuela de Plata* (H, agosto de 1941), donde se consumó, en el membrete de Directores, la decisión de colocar a Gaztelu para evidenciar la religiosidad del espacio. El sentir de Piñera solo fue una expresión de las discrepancias que se daban entre el grupo de colaboradores, atizadas por el actuar de Lezama en esos años. Fina García Marruz comentó en su ensayo "Estación de gloria," sobre otro incidente que provocó también la separación de ella y de Cintio de Lezama: "Creo que se había disgustado por no sé qué cuestión de su revista *Espuela de Plata*, para la que quería mayor colaboración de todos" (Chacón 290-91).

Rodríguez Feo aseguró que fue en realidad la impositiva autoridad del director la que fraccionó al grupo durante muchos años, y que esta distancia se mantuvo hasta que se fundó *Orígenes* y él personalmente tuvo que invitar a Vitier, Marruz y otros a colaborar. Aceptaron, según el testimonio de Feo, porque supieron que la dirección de la revista no sería solo de Lezama (citado por Chacón 291). La suma de todos estos factores, más o menos precisada en la correspondencia de la época, provocó una fractura insalvable que dio al traste con *Espuela de Plata* y marcó el inicio de desencuentros sistemáticos entre el grupo de estos escritores en ascenso.

Como colofón de la airada protesta de Piñera nació, en noviembre de 1942, su *Poeta. Cuaderno trimestral de poesía* que tuvo sólo dos números, por falta de recursos para sufragar la impresión. En su editorial, titulado "Terriblia Meditans...," aparece ya un marcado anhelo de ruptura con el tono de la romántica prosa poética de "Poesía y crimen":

> Dejémonos ya de frases, de lemas, de exlibris, de prólogos, de manifiestos... Destruyámosles porque están hechos de lo hecho, de lo acabado, repujado o cincelado: de lo que se encaja y obliga. Gran necesidad de la patada de elefante a ese cristal hecho para el anhélito de los ángeles. Después de la patada, la reconstrucción del cristal, gránulo a gránulo, proclamará que sólo es posible la cordura por la demencia o la suma por la división. (1)

Las breves hojas de la revista, en tiradas de 125 ejemplares, presentaron textos de autores tan diversos como Nicolás Calás, Gastón Baquero, María Zambrano, e incluyeron muestras de la poesía de José Lezama Lima, Cintio Vitier y del mismísimo Ángel Gaztelu ("Soneto"). Mas la publicación explicitó una nueva conciencia, la del disentimiento de Piñera, según explicó él mismo en "Terriblia Meditans...:" "El desarrollo es como sigue: del síntoma (*Verbum*) se origina el sentimiento (*Espuela*), de éste surge el disentimiento (*Clavileño*, *Nadie Parecía* y *Poeta*). El resultado es, por riquísimo, no mesurable. Pero con todo se puede ir hablando ya de esa 'excepcional generación de 1936'" (1).

En el editorial, Piñera criticaba el estilo católico de *Nadie Parecía*, reconocida como la tercera revista fundada por Lezama, y heredera directa de *Espuela de Plata*.[4] Se refirió a *Clavileño*, creada por Vitier y Gastón Baquero, como una "revista para la amistad." Pero, sobre todo, convocó al reconocimiento de la literatura por encima de Dios o de cualquier fenómeno que se hallara fuera de la literatura misma. Esto no le impidió reconocer la existencia de una generación literaria, la "generación de 1936," de la que se sentía parte, y en la que ubi-

---

[4] James Valender explicó la elección de este nombre por parte de Lezama como parte de un contexto literario que excedió Cuba y cuya reproducción es valiosa aquí por las influencias y diálogos que devela, para comprender hacia dónde Lezama había puesto, desde muy temprano, su mirada y su afinidad estética: "El centenario de San Juan de la Cruz tuvo amplias reverberaciones en muchas partes del mundo. En España, revistas como *Escorial* y *Corcel* le dedicaron números especiales, mientras que Dámaso Alonso publicó su célebre estudio sobre *La poesía de San Juan de la Cruz* (1942). En México se organizó, primero, una serie de conferencias y, después, un interesantísimo debate entre poetas, filósofos e intelectuales, discusión que luego fue publicada, en forma resumida, en la revista *El Hijo Pródigo* (junio de 1943). A la vez, en la editorial Séneca, se publicaron en una cuidadosa edición las *Obras* del santo carmelita, con introducción y notas del ex canónigo republicano J. M. Gallegos Rocafull. Mientras en La Habana, Lezama y el padre Gaztelu pusieron su poesía bajo la égida de San Juan al tomar una imagen del *Cántico espiritual* como título de una nueva revista suya: *Nadie Parecía. Cuaderno de lo bello con Dios* (1942-1944)" (40).

caba a Lezama como líder, no como maestro, o sea, en una condición más de igualdad que de superioridad. Un líder con la que además *Poeta* anhelaba disentir, como "bautismo de fuego" (1).

No le bastó con hacer pública una provocación que, hasta entonces, había permanecido en el ámbito privado. El 14 de noviembre de 1942, dirigió una carta a los "Señores Directores de *Nadie Parecía*," Lezama y Gaztelu, para avisarles de la salida de su cuaderno e invitarlos a colaborar. El cierre de su misiva, en línea suelta, fue "*Poeta* es para los poetas de verdad" (42), una expresión que, los atacados, asumieron con diferentes sentidos.

La primera respuesta a su editorial en *Poeta* fue una carta fechada el 7 de diciembre del mismo año, en la que Cintio Vitier le aclaraba a Piñera que no identificaba en *Clavileño* ninguna filiación con *Espuela de Plata* (42). El joven Vitier mostraba así que perduraba su inconformidad con las posturas de Lezama. Aunque ni en esta carta ni en documentos sucesivos expresó juicios negativos contra el autor de *Muerte de Narciso*, su defensa de *Clavileño* explica por qué Lezama no publicó nunca en esa revista, ni Piñera ni Vitier en *Nadie Parecía*. Se encontraban en un momento de enfrentamiento colectivo, cada uno con escasos aliados, cada uno tratando de seguir su propio camino literario.

Lo que no comprendió Cintio fue que Virgilio, en realidad, se estaba adelantando a todo criterio histórico al identificar a un grupo generacional que, si bien en el presente es reconocido como origenista, tuvo su base primera en *Espuela de Plata*. Esta consideración de una "generación de 1936," promovida por Piñera, no fraguó en las categorías empleadas por la crítica acaso por el indiscutible valor que tuvo después la revista *Orígenes* (1944-1954) para la literatura hispanoamericana, o incluso por la extrema cercanía de una generación poética anterior, donde se identifican figuras como la de Jorge Mañach, Juan Marinello, Mariano Brull, Eugenio Florit y Rubén Martínez Villena, con la Revolución del 30 como suceso aglutinador. Sin embargo, como categoría de análisis es atractivo pensar en quiénes serían los miembros de una generación de 1936 en la literatura cubana. Un grupo conformado sin la sombra de *Orígenes* como mediadora selectiva arrojaría, sin dudas, una pluralidad estética mucho más amplia que la defendida por el autor de *Paradiso*.

La salida del número 2 y final de *Poeta* provocó que el debate entre Lezama y Piñera llegara a su punto más álgido, con enfrentamiento físico incluido. El autor de *Electra Garrigó* dejó testimonio de la pugna en un documento, que al parecer no posee destinatario ni fecha exacta, y que Pérez León recogió acertadamente en el libro de correspondencia *Virgilio Piñera, de vuelta y vuelta*:

> La tarde del 16 de junio del presente año y en los salones del Lyceum el señor José Lezama Lima me hizo objeto de una violenta agresión de palabra y obra.
>
> Separando los insultos personales destacó [sic] aquí las acusaciones que me dirigió:
>
> 1º- Que yo trataba de hundir su reputación literaria con mi artículo "Terriblia Meditans (II)" aparecido en el número 2 de la revista *Poeta*.
> 2º- Que me prohibía absolutamente que su nombre continuara apareciendo en mi "revista de mierda."
> 3º- Que yo le había robado versos enteros en mis poemas "Los Desastres," aparecidos también en el número 2 de la citada revista *Poeta*.
> 4º- Que yo estaba desprestigiado intelectual y moralmente en La Habana. (47)

Los de *Espuela de Plata* se reconocieron siempre como un grupo de poetas. Sospecho que, por ese mismo motivo, Piñera eligió la poesía para reforzar su propuesta antilezamiana, para probar que, incluso dentro de la apuesta lírica, había muchas otras formas de producción literaria. También de 1943 es su más conocido poema, "La

Isla en peso," al que calificó como "el antilezamismo en persona" en el artículo "Cada cosa en su lugar" (11-12).

Fue el nacimiento de la revista *Orígenes*, en 1944, con la mediación de José Rodríguez Feo y sobre todo de Mariano Rodríguez, el que propició un nuevo acercamiento de Piñera a parte de ese grupo al que él había identificado antes como demasiado lezamiano para su ideología artística. Aunque todo indica que volvió a ser tan cercano con Lezama como en los años de *Espuela de Plata*, se sabe que la admiración mutua los acercó y distanció en varias oportunidades. El 19 de mayo de 1944, Virgilio envió una carta a los "Señores Editores de *Orígenes*," donde elogió la salida de la revista. No perdió oportunidad de reafirmarla como "descendencia de una genealogía ya ilustre *Verbum*, *Espuela de Plata*, *Nadie Parecía*," en una carta que mucho recuerda sus dardos editoriales de *Poeta*. Pero, fiel a su carácter polemista, alertó que pronto *Orígenes* sería "letra muerta" si conservaba el espíritu de su primer número (61). La expresión "letra muerta" es importante porque luego sería retomada, literalmente, en el primer editorial de *Ciclón*.

Menos de un año después de esta alerta a *Orígenes*, el 19 de marzo de 1945, escribió directamente a Lezama para criticar otra vez su forma de llevar la publicación. Alegó que dos veces le habían invitado a colaborar sin que sus textos entregados viesen la luz. Había enviado tres poemas ("Paseo del Caballo," "Tesis del Gabinete Azul" y "Secreto del Espía") y una reseña ("Samuel Feijóo: *Camarada Celeste*, La Habana, 1944") a *Orígenes*. Llamativamente todos aparecieron publicados en el mismo número de la revista: el 5 de 1945, justo después de la airada protesta de Piñera. En esa misma carta crítica había arremetido contra Rodríguez Feo. Lo llamó "burgués bien alimentado," y lo acusó de ser responsable de priorizar la publicación de un poema de su amigo Wallace Stevens (64). El ataque no era acertado: Virgilio confundió a Stevens con Williams Carlos Williams, quien había sido en realidad el publicado en *Orígenes*. Su poema "The bitter world of spring" fue traducido por Feo como "El mundo amargo de la primavera," para el número 3 de 1944 (22-23).

Pero la aversión entre Feo y Piñera era mutua. El primero aseguraba que Virgilio siempre se mantuvo al margen de los poetas jóvenes que más tarde constituyeron el llamado grupo Orígenes. Y, años después, en su texto "Virgilio Piñera, cuentista" confesó que, aunque por esos días veía a menudo al autor de *La Isla en Peso*, nunca intimaron por su "carácter arisco y sus modales agresivos con todos aquellos que no formaban parte del reducido círculo de sus amigos y a veces con estos" (107).

A pesar de estos enfrentamientos, la tensión entre Piñera y Lezama se distendió hacia 1946. Virgilio partió a Argentina en ese año como becario de la Comisión Nacional de Cultura de Buenos Aires. Esto parece haberlo colocado en una posición mejor vista por el cerrado campo literario cubano. En *Orígenes* comenzaron a publicarse de manera inmediata casi todas sus colaboraciones, pero también las que él envió de Witold Gombrowicz, Adolfo de Obieta y Carlos Coldaroli, con quienes coincidió e hizo amistad en el sur.[5] Su trabajo como especie de coordinador literario de la revista en Argentina, así como la influencia de este país en su obra son de innegable importancia para el Piñera de estos años. Entre lo más polémico que apareció con su nombre en *Orígenes* estuvieron precisamente los artículos "Notas sobre literatura argentina de hoy" y "El país del arte," ambos publicados de 1947, y donde criticaba abiertamente la vanidad de la intelectualidad suramericana con la que había comenzado a codearse.

Sería demasiado ambicioso calificar como numerosa la colaboración de Piñera con *Orígenes*. Ocho textos suyos aparecieron en cinco números. La relación terminó definitivamente en 1949, después

---

[5] Gombrowicz y Coldaroli solo publicaron un trabajo cada uno en *Orígenes*. La firma de Adolfo apareció en tres ocasiones, pero aquí solo consigno la primera que es la que coincide con la fecha (W. G., "Filimor Forrado de niño", *Orígenes*, tomo III, núm. 11, 1946, 22-24; Adolfo de Obieta, "Un país de Kafka en América", tomo IV, núm. 13, 1947, 30-33; Carlos Coldaroli, "El rival", tomo V, núm. 18, 1948, 36-37).

de la publicación en dos partes de su obra de teatro *Falsa alarma*.[6] Aunque en el año anterior, ningún texto suyo tampoco había aparecido en la revista. Entre diciembre de 1947 y abril de 1950, Piñera permaneció en Cuba. Acaso dejó de ser útil para los hacedores de *Orígenes*. Acaso no intentó volver a publicar en la revista enfrascado como estaba en la escritura dramática y en el estreno de alguna de sus obras. O quizás en su distanciamiento influyó su implicación en un nuevo proyecto revistero, *Prometeo*, dedicado exclusivamente al teatro y dirigida por Francisco Morín. Lo cierto es que, en sus años de ausencia en *Orígenes*, Piñera escribió *Jesús* y *Falsa alarma* en 1948, participó en el montaje de *Electra Garrigó*, y en 1949 comenzó a escribir su primera novela *La carne de René*. En abril de 1950, regresó a Argentina, como empleado administrativo del Consulado de Cuba. La posición le dio cierta ventaja económica con respecto a su estancia anterior.

El texto de una conferencia suya aporta la clave sobre la escisión definitiva entre Piñera y el grupo de Lezama. Las cronologías que abundan sobre la vida del escritor aseguran que el 30 de mayo de 1950, Jorge Luis Borges lo invitó a la Sociedad Argentina de Escritores, que el argentino presidía, para impartir la conferencia "Cuba y la literatura." La única versión que se conoce de esta conferencia apareció en el segundo número de *Ciclón*, con el mismo título, pero acompañada por la siguiente nota: "Esta conferencia fue leída el 27 de Febrero de 1955 en el Lyceum para iniciar la Sociedad de Conferencias de la revista *Ciclón*" (55). Algunos especialistas han pasado por alto un hecho: es imposible que Piñera impartiera esa conferencia en el Lyceum de La Habana, porque los primeros días de febrero de 1955 estaba rumbo a Argentina. Esto lo prueba su primera carta

---

[6] "Falsa Alarma", *Orígenes*, tomo VI, núm. 21, 1949, 29-35 y núm. 22, 1949, 35-41. Sobre los ensayos anteriores mencionados, véase: "Notas sobre literatura argentina de hoy", tomo IV, núm. 13, 1947, 40-45 y "El país del arte", tomo IV, núm. 16, 1947, 34-38.

a Rodríguez Feo, a propósito de *Ciclón*, fechada el 6 de febrero de 1955, donde le cuenta detalles de su viaje a bordo del barco Reina Pacífico (100-01). La versión que de "Cuba y la literatura" apareció en *Ciclón* fue básicamente la misma conferencia que Piñera leyó en 1950 en la Sociedad Argentina de Escritores, y no fue leída en La Habana en febrero de 1955, porque Piñera no estaba en Cuba para esa fecha. De hecho, en su carta de 1955 a Rodríguez Feo le explicó detalles sobre sus decisiones editoriales para actualizar el texto: "He suprimido, como verás, de la conferencia la parte que se refiere a Norteamérica e Hispanoamérica. Me parece que queda mejor para *Ciclón* sin esta parte y referida sólo a Cuba" (101).

En la época, los principales esfuerzos culturales en la isla provenían de iniciativas y subvenciones privadas, por lo que la alteración en la procedencia de la nota puede traducirse en una especie de broma o descuido; aunque también pudo responder a una verdadera intención, no materializada, de crear una Sociedad de Conferencias en la revista.[7]

En "Cuba y la literatura," Virgilio volvió sobre las preocupaciones que le había externado a Lezama en 1944. Abordó otra vez el anquilosamiento de los primeros *Orígenes*. Negó la existencia de una "literatura cubana," ante la carencia de un movimiento auténtico que respaldara a los escritores, que promoviera sus creaciones o los in-

---

[7] Entre las principales iniciativas privadas del período se conocen el Círculo de Bellas Artes de La Habana (fundado en 1903); el Ateneo de La Habana; la Sociedad Pro Arte Musical (1918), la Asociación de Pintores y Escultores; la Orquesta Filarmónica (1928); el Lyceum Lawn Tennis Club (1939), fundado y liderado por mujeres de alta sociedad. Avanzado 1955, el 18 de julio exactamente, amparado por la Ley de Presupuestos de la Nación, y mediante el Decreto Presidencial Nº 2057, Fulgencio Batista fundó el polémico Instituto Nacional de Cultura, inaugurado oficialmente el 27 de julio. Esto promovió el desplazamiento de las políticas culturales hacia formas más institucionalizadas a nivel gubernamental. Detallaré más adelante cómo *Ciclón* se le opuso a la institución en más de una oportunidad. Para más información sobre estos actores sociales véase Hernández, R. (sel. y pról.). *Sociedad Cultural Nuestro Tiempo. Resistencia y acción*. Letras Cubanas, La Habana, 2002.

citara al menos a escribir. Pero se detuvo sobre todo en criticar la creciente imitación que los poetas cubanos hacían del estilo y hermetismo de un supuesto poeta X, al que describe muy parecido a sus ideas sobre Lezama:

> Recuerdo el caso de X, uno de esos escritores que al pasar junto a usted causan el mismo efecto de una tremenda corriente de aire en el rostro, a tal punto le brotaban las citas por todos los poros... Ante su obra uno se preguntaba: ¿Para quién escribe X? Adviertan que no demandamos por qué escribe X, de qué escribe X, para qué escribe X, de qué escribe, con qué escribe... No, la pregunta la formulo sólo desde el punto de vista de la cosa pública. ¿Para quién escribe X? Pues escribe para un grupo de amigos que, en justa reciprocidad escriben para X. Mas ello no resultaría fatalmente estéril si como, por ejemplo, en el caso de Kafka, él escribía algo que no era escrito para sus amigos pero que leía a sus amigos... Ahora bien, en el caso de X ese "algo" se ha concebido, si no expresamente, tácitamente, para que funcione en un medio preparado al efecto. Es decir, que la obra de X, aparte de sus innegables virtudes formales —elegancia, fluidez, frases diamantinas— no se religa en absoluto con ningún tipo de realidad, en ningún momento comprobamos que la ornamentación esté en sus escritos en función de algo más que mero adorno. (54)

La primera exposición pública de estas ideas en 1950 —y no en 1955, como se ha creído hasta ahora—arroja luz sobre dos aspectos fundamentales en la comprensión de la historia literaria cubana. Primero, que la ruptura entre Piñera y los origenistas se produjo definitivamente en el año 1950, cuando él ha dejado de publicar en la revista y sugirió, públicamente, una exagerada influencia del barroquismo de Lezama sobre sus contemporáneos, un ardid que además consideraba que se repetía en el circulo literario argentino. Segundo, que *Ciclón* nació en 1955 con idénticos objetivos a los que se había trazado Piñera con la fundación de *Poeta*, en 1942, y con la escritura de "La Isla en peso," en 1943: disentir, dar la patada de elefante en contra de la poética ornementada.

Todos esos proyectos editoriales donde participó Piñera pretendieron marcar distancia con la poética lezamiana, pero sobre todo promover una expresión literaria nacional diferente a la entonces legitimada. *Ciclón* representó una radicalización del mismo discurso de disentimiento de *Poeta*. La diferencia en los discursos de estas dos revistas de sello piñeriano fue determinada por la ascensión de Lezama como cabeza de generación; por el crecimiento de Piñera como dramaturgo y narrador, suceso que lo alejó un poco de la poesía; pero sobre todo por la participación intelectual y el mecenazgo de José Rodríguez Feo. Por eso fue natural que cuando el joven editor se separó del "maestro" en 1954, recurriera al único escritor cubano de su generación que había sido capaz de hacerle frente abierto y en cualquier escenario a todo lo sagrado que representaba *Orígenes*.

Piñera, por su parte, encontró en *Ciclón* y en la seguridad económica que le brindó el mecenazgo de Feo, la posibilidad de expresar públicamente y con un nuevo alcance, sus disentimientos. Encontró también un grupo nuevo de autores y autoras, capaces de crear lejos de la sombra del caudillismo literario que imponía Lezama. Estas afortunadas confluencias de oposiciones labraron solo uno de los muchos caminos que condujeron a la materialización del "interregno ciclónico." En definitiva, la oposición entre Piñera y Lezama se reprodujo al interior de *Orígenes* en diferentes pares, como antes había también marcado a *Espuela*. La que habría sido la generación del 36 nació en medio de y para la polémica.

JOSÉ RODRÍGUEZ FEO Y
LA SOMBRA DEL OTRO

(José Rodríguez Feo vs. José Lezama Lima)

Con su voz de trueno, con su habano —ahora entre las manos, ahora entre los labios—, con su gordura implacable que encontró su única solución en el estallido, con un verbo mucho más llano que el de sus creaciones, José Lezama Lima se reconcilió con su pasado:

> En los orígenes, en la época de *Verbum*, *Espuela de Plata*, *Nadie Parecía* y la propia *Orígenes*, tuve tratos y amistades con personas de gran valía, de esas que concurren para integrar la carne entrañable y la familia espiritual. Virgilio Piñera, Gaztelu, Rodríguez Feo, Baquero, Mariano, Portocarrero, Rodríguez Santos, Ardévol, Orbón, son algunos de los que estuvieron allí a la hora de fundar. *Orígenes*, que fue una revista que no recibía favores, nos ayudó a un grupo a soportar la marea embravecida con solo un bote sin fondo y un remo a la deriva. Por esos días conocí fugazmente a muchos artistas, bohemios apenas, o al poeta incierto que cruzaba la calle para entregar un madrigal. [...] Son rostros que obtuvieron su persistencia y perviven en los orígenes. (Guerra 107)

Sus palabras datan de una fecha imprecisa, entre 1965 y 1976. Habían transcurrido, como mínimo, más de diez años del cisma de *Orígenes* cuando Lezama fue capaz de recordar a todos los implicados como "carne entrañable," "familia espiritual." En definitiva, siempre se presentó como desconocedor de la sed de venganza, y actuó en consecuencia con ello. Sus estudiosos consideran que a su fe católica podría adjudicarse esta necesidad que exhibió de otorgar y recibir perdón (Guerra 85).

En realidad, trascurridas algunas décadas, todos cedieron al hechizo de los recuerdos de aquella hora de fundar, como bautizó el poeta a los años de *Orígenes*. En 1987, a once años de la muerte de Lezama, Rodríguez Feo también aseguró que la figura del autor de *Paradiso* era inapresable tanto para quienes le profesaron una admiración desmedida como quienes se empeñaron en socavar su prestigio. En el prólogo que escribió para la correspondencia intercambiada entre él y Lezama, invocó más de una vez la "presencia generosa" del "gordo" en su vida (37-38).

El movimiento de un acordeón, que irregularmente distiende sus fuelles, puede funcionar como una imagen perfecta para ilustrar la sucesión de tensiones y acercamientos entre estos escritores y críticos de la segunda mitad del siglo XX cubano. Goethe calificó a procesos similares como afinidades electivas. Una relación que Renato Poggioli tradujo en el arte de vanguardia a partir de la formación de grupos intelectuales de amigos y enemigos, consecuencia de la simpatía o antipatía de sus miembros, pero que nacieron de un hecho de cultura individual para llegar a ser cultura de grupo. Para Poggioli, las fases de restricción de la cultura a ámbitos grupales o individuales se alternan, hasta que la sociedad que las contiene es trastocada por una radical evolución (102-105). Sus teorías explican el carácter cíclico de las rupturas entre Rodríguez Feo y Lezama, entre Rodríguez Feo y Piñera, entre Piñera y Lezama, entre Piñera y Vitier... Porque las individualidades de todos confluyeron, como dijo Lezama, en el momento de mayor trascendencia grupal y literaria que fue *Orígenes*, para tomar luego otros cauces.

Aunque el objetivo de esta investigación no es volver sobre la historia, muchas veces recreada, de *Orígenes*, considero útil detallar ciertos acontecimientos vinculados a la existencia del proyecto editorial, que marcaron la relación entre sus dos directores. Breves anécdotas, conflictos hasta ahora escasamente atendidos, pero que en definitiva tejen el camino que condujo al más brutal y conocido cisma del grupo, acontecido en 1954, y que contribuyen, sobre todo, al reconocimiento de la formación intelectual y humana de una figura como José Rodríguez Feo, sistemáticamente opacada por la sombra de ser el "otro" en sus más importantes proyectos intelectuales.

Las vidas de estos dos Pepe transcurrieron, la mayor parte del tiempo, como universos paralelos. La muerte del padre de Lezama, en 1919, apegó al hijo a la figura de la madre, hasta la muerte de ella en 1964. Sus viajes se redujeron a breves períodos de tiempo en México (1949) y Jamaica (1950). Mientras, Rodríguez Feo salió de Cuba hacia Estados Unidos en 1932, con apenas doce años. Cuando se graduó en la Universidad de Harvard, en la carrera de Historia y Literatura, en 1943, hablaba poco español y lo escribía muy mal. En *Mea culpa*, Cabrera Infante lo describió como un *dandy*, siempre delgado y bien vestido, desandando La Habana en llamativos convertibles, exhibiendo su homosexualidad (341). Una libertad sexual y económica que Lezama jamás se permitió.

Los dos se conocieron en el invierno de 1943, en casa del pintor Mariano Rodríguez. Las tertulias que cada domingo comenzaban en el estudio ubicado en la calle Empedrado 360, terminaban en el hoy bar turístico de Habana y Obispo. Rodríguez Feo contó siempre que en una de esas tertulias propuso a Lezama hacer una nueva revista literaria (el poeta editaba todavía *Nadie Parecía*) (8). En el libro de Alfredo Chacón, titulado *Poesía y poética del grupo Orígenes*, se recoge un testimonio de Mariano, donde el pintor asegura que durante las tertulias y paseos fue él quien "surgió la idea de sacar una nueva revista, que Pepe —de todos nosotros el único con una buena situación económica— estuvo de acuerdo en financiar" (266). En lo que todas las versiones de la historia coinciden es que Lezama fue quien la bautizó como *Orígenes*.

Para el poeta, *Orígenes* fue la culminación de esfuerzos anteriores, que inestablemente y con más de un dolor de cabeza había sostenido en la forma de cuadernos y pequeñas revistas. Fue el encuentro con el "ecumenismo huyendo siempre del énfasis —producto de que había constituido—, huyendo también de la excesiva incomprensión." Para él constituyó una "pequeña república de las letras," un "taller renacentista" (citado por Chacón 260). Sin embargo, las primeras grietas de este proceso de fundación parecen develarse muy temprano en la sombra de cierto sentimiento de superioridad de Lezama con respecto a sus compañeros de aventura. Al menos ese es el reproche hecho por Piñera en carta de marzo de 1945, sobre el poder de Rodríguez Feo que Lezama se negaba a reconocer:

> Usted dice que usted es el gran cocinero intelectual de *Orígenes* y que los ingredientes que allí se cuecen sólo entran al fuego sólo de sus labios decir sí. Pero parece que no es así tan absolutamente cuando el joven Feo tiene el poder por su dinero de darse el lujo de publicar 'A word with Rodríguez Feo,' dejándolo a usted en ridículo. (64)

Este ataque en particular no tuvo consecuencias mayores, aunque, como mencioné, parece haber agilizado la publicación de los textos de Piñera en *Orígenes*. Además de dejar testimonio de la enemistad recíproca entre Piñera y el joven burgués, así como de lo en serio que se tomaron el nacimiento de *Orígenes* los escritores cubanos, ansiosos de encontrar espacios de diálogo y creación.

Impulsado por Pedro Henríquez Ureña, por la creciente amistad con Lezama y con otros escritores cubanos, Feo se decidió a perfeccionar su conocimiento del idioma español. En 1946, a dos años de la fundación de *Orígenes*, ingresó en la Escuela de Verano del Middlebury College, Vermont, Estados Unidos. Esto marcó su entrada al universo de la literatura hispanoamericana de la mano de profesores como Juan de la Cabada, Ermilo Abreu, Max Henríquez Ureña, Joaquín Casalduero y Jorge Guillén, entre otros. En el siguiente verano, matriculó nuevamente en el programa. Entonces sus profesores fueron Jorge Guillén, con su entonces muy reconocido curso de Literatura Española e Hispanoamericana y Pedo Salinas, promotor de un acercamiento a Rubén Darío. Como resultado se estrecharon los vínculos entre los españoles exiliados y el joven cubano, que se extendieron en un intercambio sistemático de correspondencia y encuentros personales en diferentes geografías.

Desde ese momento, sin que nadie sospechara, comenzó a fraguarse también una diferencia de afinidades que fue definitiva para *Orígenes*. Lezama no dudó nunca en demostrar su admiración por Juan Ramón Jiménez. La presencia del poeta de Moguer en Cuba, entre noviembre de 1936 y enero de 1939, fue determinante en su formación poética. El encanto de la presencia de Juan Ramón en esos años estuvo sazonado por las visitas de numerosos intelectuales republicanos, que mostraban además gran admiración por el poeta español. El mismo Vitier dejó testimonio de cómo él y Lezama nunca faltaron a los ciclos de conferencias sobre filosofía y literatura impartidos por Jiménez. El dúo llegó a considerar a Juan Ramón uno de los fundadores de la cultura poética cubana del siglo XX (Ugalde 100-01).

Cuando el debate sobre literatura llegaba a la correspondencia de los directores de *Orígenes*, ¿por quién mostraban más admiración? ¿A quiénes eran más leales? ¿Al maestro Juan Ramón, obseso de la perfección poética, de la poesía pura o a los poetas de 1927, con similares obsesiones, pero más diversos en sus formas? Los dos Pepes parecieron nunca ponerse de acuerdo sobre estas respuestas. El 31 de marzo de 1947, en carta apresurada, Feo escribió a Lezama: "Recibí los números de *Orígenes*. Están muy bien. [...] Hoy vi a Salinas. Me dio un poema para la revista" (55). A lo que Lezama respondió, los primeros días de abril, con tono muy irónico:

> Recibí ¿cómo no?, esas cosas no se pierden nunca, el poema de Salinas. Me parece un tanto descolorido, aunque con sus habituales destrezas. Ya él es víctima de lo sucesivo; ve sólo una cinta gris, un gusano que se transmuta en tren de marcha lenta. Hay que llevar más cosas al poema, o presentar un alambre, un esqueleto; dejarnos arrancar pocas palabras, pero que nos haya costado mucho dejarlas escapar. (56)

Unos meses después, en julio de 1947, se repitió el contrapunteo. Esta vez el más prolijo en palabras fue Rodríguez Feo, admirado por sus profesores Guillén y Salinas:

> Me duermo sobre los libros. Leo apasionado esa prosa esperpéntica de Valle-Inclán, su teatro, su *Ruedo ibérico*, donde ataja los primores del habla popular y funde una prosa que recuerda las luchas idiomáticas de ese genio irlandés, Joyce. Leo y releo a Unamuno, que me asombra y me inquieta mucho más. Hay tantas cosas suyas que podrían aplicarse a nuestra desafortunada Cuba. Y ahora entro sosegado en las exquisitas prosas de Azorín, ese enamorado de los detalles significativos, del paisaje y el pueblo español, ese "primitivo" del siglo XIX, como lo mienta Ortega y Gasset. (79)

La respuesta de Lezama fue contundente, recogida también en el libro *Mi correspondencia con Lezama*, muestra que, en realidad, estaba más dirigida a desacreditar los maestros que a avergonzar al alumno: "En tu última carta le pasas revista a toda la generación del 98. Te veo muy español *Salinero*. Fue una gran generación misógina y puritana, de profesores y de solterones" (81-82). El destinatario parece haber asumido estos dardos de Lezama como parte del diálogo constante, pues la correspondencia siguiente versa sobre otros temas, y queda interrumpido el debate literario.

Por motivos escolares, Rodríguez Feo extendió su permanencia en Estados Unidos. En septiembre de 1947 matriculó en la Universidad de Princeton. Estaba decidido a hacer carrera como docente, una elección que Lezama tampoco vio con buenos ojos, como le hizo saber en varias oportunidades. A partir de enero de 1949, Feo comenzó a sufrir frecuentes ataques de colitis que provocaron su regreso a Cuba y el fin trunco de su carrera. En la abundante correspondencia de esos últimos meses se percibe la diferencia de criterio sobre la poesía española, cada vez más marcada entre ambos. El 19 de marzo de 1949, otra vez con visible entusiasmado, Rodríguez Feo escribió a Lezama a propósito del poema "Antonio," de Guillén, que sería publicado en el número 20 de *Orígenes*:

> Es uno de los poemas más extraordinarios y bellos que he leído. Creo tú quedarás encantado y deslumbrado por él. Y ya *Orígenes* tiene su buena estrella para comenzar este año '49 lleno de augurios deliciosos [...].
>
> Guillén en sus letras te saluda afectuosamente. Creo debes escribirle tú también dándole las gracias más encarecidas por su generoso envío. Este gran poeta siempre tendrá nuestra gratitud y afecto. (146)

Guillén dedicó a su nieto recién nacido esos versos, "a la alegría sin tacha de tu infinito" (13-18). Aprovechando este tono sentimental y el tema del poema, diez días después, Lezama respondió al respecto que había incluido la obra de Guillén en la revista, pero que se parecía a todos sus anteriores textos. Aseguraba que se podía mezclar a Rimbaud con San Juan de la Cruz, como hacía el español y, de todos modos, solo producir agua oxigenada, "como un leñador que ha talado un árbol sólo como ejercicio, más que para utilizarlo como fuego" (147). Las palabras de Lezama evocaban directamente a las escritas por Juan Ramón Jiménez en el número dos de la revista *Sucesión*, en 1932, cuando bautizó a Salinas y a Guillén como "literatos puristas, retóricos blancos, en diversos terrenos de la retórica." Detrás de la metáfora de Lezama que compara a Guillén con un leñador que corta un árbol solo para ejercitar su hacha, reverbera también la acusación de Jiménez sobre la falta de gracia del autor de *Cántico*, sobre su falta de embriaguez, emanación y acento de lo natural. Esta misma caricatura había sido retomada por el de Moguer en 1936, en la conferencia "Crisis del espíritu de la poesía española contemporánea," que impartió en Cuba.

Las cartas entre Lezama y Feo no dejaron, por estas diferencias, de ser afectivas. El más joven ayudó económicamente a su compañero, en planos que excedieron la publicación de *Orígenes* y abarcaron necesidades mundanas. Las tensiones iban y venían, a veces como parte natural del diálogo literario, a veces con tintes más personales. Como ejemplos de estos dimes y diretes se pueden citar dos misivas, fechadas en marzo de 1947, donde Rodríguez Feo comentó a Lezama su idea de traducir a "cuatro o cinco poetas italianos," con la ayuda de Renato Poggioli, para publicarlos en *Orígenes* (50-55). En sus sendas respuestas, Lezama hizo caso omiso de esta propuesta. Es evidente que, para Rodríguez Feo, sin embargo, se trataba de un proyecto importante porque los versos de Ungaretti, Quasimodo y Montale que propuso para *Orígenes* aparecieron finalmente en el número 5 de *Ciclón*, correspondiente a su año de fundación, 1955, seguidos de los de Passolini, Luizi y Merini, en el número 3 de 1956.[8]

En abril de 1949, también Feo escribió a Lezama con la esperanza de que "ya se te pasó el ataque colérico que sufriste" y que les había impedido hablar por teléfono antes de que regresara otra vez hacia Estados Unidos. Ninguno de los dos aportó detalles sobre el acontecimiento, al que llaman "grandísima tontería," pero que enrareció el tono de las cartas, haciéndolo más serio de lo habitual. En correspondencia que se cruza, Lezama le comunicó la pérdida de un manuscrito del *Popol Vuh*, que le había concedido el mexicano Ermilo Abreu para su publicación. Días después, su compañero le reprochó con fuerza el descuido, y a ello agregó un reclamo: "Tampoco me envías la lista de colaboradores del No. 21 que quiero ver antes que llegue la hora de entregarlos a Úcar y Cía. ¿Me quieres complacer en este pequeño favor? Me parece más que razonable que el 'otro'

---

[8] Véase Rodríguez Feo, J. *Mi correspondencia con Lezama Lima*. Era, 1991, pp. 50-55. Sobre la aparición de los poetas italianos en *Ciclón*: "Tres poetas italianos." *Ciclón*, vol. 1, núm. 5, 1955, 25-29 y "Tres poetas italianos II." *Ciclón*, vol. 2, núm. 3, 1956, 32-36.

editor se entere, a ciencia cierta, de lo que va a formar el número 21"
(123).

La sombra del "otro," subrayada por el mismo Rodríguez Feo está
instalada entre ambos. Este tipo de queja no era nueva en el intercambio de los editores. Apareció por primera vez en una misiva del
22 de septiembre de 1948, cuando Feo reclamó: "Te agradecería me
comuniques tus planes sobre el próximo número y las colaboraciones en mano antes de enviarlo a la imprenta" (123). Es imposible asegurar que estas diferencias hayan construido una enemistad entre
ambos intelectuales. Pero sí allanaron el camino para la oposición
de fuerzas que se suscitó después en torno a "Crítica paralela." Rodríguez Feo se sentía, por momentos, inseguro del papel que Lezama
le reconocía en *Orígenes*. Inseguridad que estaba basada, sin dudas,
en la actitud de Lezama ante el proyecto editorial del cual se sentía
artífice y propietario.

En junio de 1953, Rodríguez Feo extendió su geografía de viajes
habituales y partió rumbo a Europa. Entre las visitas que realizó durante su peregrinar, de las únicas que dejó testimonio fue de las que
hizo a los poetas Vicente Aleixandre y a Dámaso Alonso. Regresó a
Cuba en noviembre del mismo año para encontrarse con una des-
agradable sorpresa, que agriaba su renovada cercanía con los amigos españoles:

> Lezama me entregó el número 34 de la revista, recién apa-
> recida, y que contenía la "Crítica paralela." Al leerla, me
> quedé asombrado y le pregunté por qué había publicado
> semejante ataque sin contar con mi aprobación. Natu-
> ralmente jamás arguyó que yo la había leído porque eso
> no era verdad. Tampoco admitió habérmela ocultado por
> temor a que yo la rechazara, como pensé que haría. No
> me ofreció ninguna explicación; sólo me dijo que él no
> podía dejar de publicar un texto de Juan Ramón bajo
> ningún concepto. Entonces le pedí de favor que insertá-

ramos en el próximo número una nota aclarando que yo no había aprobado el texto de Juan Ramón. Lo que me pareció razonable ya que él era el que había decidido publicarlo. Lezama se negó rotundamente a hacerlo. (*Tiempo de Ciclón* 74)

En "Crítica paralela," un texto de estructura variable, donde se mezclan prosa y lírica, Jiménez acusó a Aleixandre de tener una escritura forzada, y de copiar a sus antecesores. Calificó a Cernuda como un mal traductor de poemas que antes ya alguien había escrito, y en la misma categoría de plagiaros de letra muerta incluyó, de paso, a Guillén y a Salinas. Lezama había publicado un texto donde su indiscutible maestro arremetía contra los maestros del "otro" director, contra los hombres que lo estaban recibiendo en esas mismas fechas en España y contra Cernuda, quien, en 1951, conoció La Habana gracias a la amistad y admiración de Feo.

Aunque Lezama aseguró en carta a Juan Ramón, fechada el 22 de abril de 1954, que Rodríguez Feo sí conocía el texto antes de ser publicado, no insistió sobre esa idea en ningún otro documento. Ni siquiera en el editorial "Diez años en *Orígenes*. Advertencia," donde se produjo la primera comunicación pública del acontecimiento:

Por su propia decisión, y con carácter irrevocable, el señor José Rodríguez Feo ha dejado de pertenecer a la revista *Orígenes*. El motivo alegado era su inconformidad con la publicación del artículo del señor Juan Ramón Jiménez, insertado en el número anterior. Reunidos con el señor José Lezama Lima, en su carácter de editor director, los señores Ángel Gaztelu, Fina García Marruz, Cintio Vitier, Eliseo Diego, Julián Orbón, Octavio Smith, Lorenzo García Vega, pareciéndoles correctísima la publicación del texto de Juan Ramón Jiménez, ya que se trataba de una figura histórica, por muchos motivos respetable, y en extremo responsable en sus opiniones, estando, desde luego, las personas aludidas en libertad de contestar, si lo tenían a bien, desde las mismas páginas de *Orígenes*. Eso era lo correcto y eso fue lo que se hizo. (66)

En el artículo, sin firma, pero escrito por Lezama, se aludió además a la decisión de rechazar una ayuda económica que le había propuesto el gobierno de Fulgencio Batista a través de su recién fundado Instituto Nacional de Cultura: "Si andamos diez años con vuestra indiferencia, no nos regalen ahora, se lo suplicamos, el fruto fétido de su admiración" (65). La coherente actitud de Lezama ante este gesto de chantaje económico probó que era incierto que se hallara, como poeta, en una torre de marfil. Si bien no se había enfrascado en polémicas sociales, su convicción política puso a *Orígenes* de inmediato en un aprieto económico. Rodríguez Feo había solventado la publicación y su editorial desde su fundación. Lo que vino después de la punga fue un suceso poco común en la historia literaria de Cuba: En fecha muy cercana aparecieron dos números 35 de *Orígenes*, uno dirigido por Lezama Lima y otro por Rodríguez Feo. La confusión de duplicados se extendió todavía al número 36 de 1954. Roberto Fernández Retamar abordó los hechos con exquisito humor trágico, en su artículo "*Orígenes* como revista:"

La ruptura se tradujo de momento en la existencia paralela de dos revistas llamadas *ambas*, con razón, *Orígenes*. Ninguna era en rigor apócrifa, ya que sus respectivos directores tenían derecho a proclamarse así. (...) *Orígenes* se había rajado, y empezaba a extinguirse. Una, la de Lezama, quedó desguarnecida; otra, la de Rodríguez Feo, era un conjunto amorfo de colaboraciones, aunque no pocas de ellas fueran en sí excelentes. Una broma de la época (las bromas son constantes en Cuba, por difíciles que sean las situaciones), que le oí repetir riendo a Julián Orbón, decía que se esperaba la aparición de una tercera *Oríge-nes*, traducida al español. (315)

Si bien Rodríguez Feo declaró alguna vez que sus dos números de *Orígenes* fueron el verdadero antecedente de *Ciclón*, al hojear dichas ediciones queda claro que, aunque su diseño se parece mucho más al *Orígenes* de siempre, sí se produjo la inclusión de nuevas voces y géneros literarios que amparan, en cierta medida, la declaración del director. En medio de esta situación, ambos creadores se amenazaron mutuamente con ir al Registro de Propiedad a inscribir *Orígenes*. No fue necesario establecer el pleito porque Rodríguez Feo desistió de la competencia. A mediados de 1954, se decidió a fundar *Ciclón*. Con su disposición pudo haber contribuido la llegada de Virgilio Piñera a Cuba en mayo de ese mismo año, proveniente de su segunda estancia en la Argentina. La oposición al lezamismo que ambos compartían en ese momento fue más fuerte que las trifulcas que entre ellos se habían producido años antes.

La primera explicación pública relacionada con esta ruptura y escrita por Feo apareció en el número uno de *Ciclón*, en el editorial "Borrón y cuenta nueva," donde con un tono aún atizado por el encabronamiento criollo y la pérdida, el editor hizo su propio recuento de lo sucedido:

> Los hechos son los siguientes: el poeta Juan Ramón Jiménez, publica en el número treinta y tres de *Orígenes* un artículo en el que alude al poeta Vicente Aleixandre. Lezama (uno de los directores de la revista) inserta dicho artículo sin contar con el parecer de José Rodríguez Feo (el otro director) quien, como es lógico, pide explicaciones al señor Lezama. Siguen a este incidente acaloradas discusiones, conferencias secretas, pequeñas venganzas. El cuadro se completa con diligentes emisarios, amables componedores y sutiles correvediles...

Es curioso como la sombra de ser el "otro" director sigue persiguiendo a Rodríguez Feo, incluso a nivel simbólico, incluso cuando *Orígenes* ya no es su *Orígenes*. Él también adjudicó el acontecimiento a un solo hecho de oposiciones, en una estrategia simplificadora que la crítica posterior seguiría con bastante vehemencia. Su postura, convida a concluir este recorrido por los caminos hacia el "interregno ciclónico" con una mirada trasatlántica, una mirada a la oposición más reconocida y divulgada entre todas las que confluyen tras la historia de ruptura de *Orígenes*, la de los poetas españoles de finales del siglo XIX y principios del XX. Es que la historia de *Ciclón*, y sobre todo su política editorial, tienen elementos fundamentales en la influencia de los creadores ibéricos en la vida intelectual de Rodríguez Feo.

UN TRASATLÁNTICO FINAL

(Juan Ramón Jiménez vs. Generación de 1927)

En las revistas que Lezama dirigió, el único nombre de colaborador que se repite —además del de Ángel Gaztelu y del suyo propio— es el de Juan Ramón Jiménez. Desde las escasas páginas de *Verbum*, con su "Brazo español," hasta la longeva *Orígenes*, con su polémica "Crítica paralela," la firma del poeta de Moguer acompañó y apadrinó los empeños del cubano.[9] Esta constancia es solo una de muchas pruebas de la admiración mutua que se profesaban.

En "*Orígenes* como revista," Retamar identificó a Jiménez y a María Zambrano como los padrinos de *Orígenes* que abonaron hacia el interior de la revista un pensamiento que postuló la razón poética (305). La relación entre Lezama y los poetas españoles se fraguó especialmente a partir de la estancia de Juan Ramón en La Habana, entre 1936 y 1939. Los ibéricos arribaron a la isla huyendo a la rebelión fascista en España. Los caribeños habían logrado el derrocamiento del Gobierno de Gerardo Machado en 1933. Pero ambos compartieron en el momento cierta sensación de desamparo, exaltado luego por el advenimiento de la Segunda Guerra Mundial.

Según José Antonio Portuondo, los jóvenes escritores cubanos comenzaron a repudiar la banal algarabía de sus predecesores criollos, y emprendieron "un retorno y superación del formalismo iniciado por Brull, Florit y Ballagas, alentados por Juan Ramón Jiménez y

---

[9] En *Verbum*: "Brazo español", núm. 1, 1937, 3-8 y "Límites del progreso (NOTAS)", núm. 2, 1937, 3-11. En *Espuela de Plata*: "Canción" y "La luz del mundo en la vida", C y D (diciembre 1939-enero 1940), 3-4. En *Nadie Parecía*: "El pájaro amigo", núm. 2, 1942, [7]; [Versos], núm. 7, 1943, [1] y "Volcán errante", núm. 8, 1943, [3]. En *Orígenes*: "Y el árbol", t. I, núm. 2, 1944, 18; "Hacia una desnudez", t. II, núm. 7, 1945, 3; "Encuentros y respuestas", t. III, núm. 10, 1946, 3-6; "En nada más", t. III, núm. 12, 1946, 9; "Animal de fondo en lo altivo intacto", t. V, núm. 18, 1948, 13; "Crítica paralela", t. IX, núm. 34, 1953, 3-14 y "Odas libres revividas", t. XI, núm. 37, 1955, 3-5.

por el ejemplo de grandes poetas extranjeros" (*Bosquejo* 69). Como mencioné antes, la presencia de Juan Ramón los aglutinó, les regaló una aspiración que quizás, antes, no tenían referentes para construir. La edición que hizo el de Moguer de *La poesía cubana en 1936* resultó un esfuerzo editorial aislado, pero que contribuyó con que muchos autores nacionales comenzaran a reconocerse como un movimiento posible. De hecho, cuando Piñera se consideraba parte de la generación de 1936 estaba influido, precisamente, por esta antología.

Pero fueron las inclinaciones estéticas de Lezama las que más se deslumbraron en estos años con los ecos neo-románticos profetizados por Jiménez (Ugalde 110). Cuando fundó *Espuela de Plata* en 1939, conminado por su "necesidad casi fanática" de hacer revistas donde pudiera publicar, trasladó su diálogo hispánico a las páginas de la publicación. El "benjamín de la generación del 27," Manuel Altolaguirre había llegado a La Habana ese mismo año. La enfermedad de su hija Paloma en el barco que los llevaba a México, lo obligó a descender, junto a Concha Méndez, en el puerto de Santiago de Cuba en marzo de 1939. La breve escala se extendió hasta marzo de 1943.

Altolaguirre era amigo de Jorge Mañach, de Lino Chacón y Calvo y de otros escritores cubanos, destacados desde la década de 1920; era reconocido en la ciudad letrada por su trabajo como editor e impresor de conocidas publicaciones de vanguardia como *Litoral* (1926-1929), *Héroe* (1932-1933), *Caballo Verde para la Poesía* (1935-1936), por todo lo que fue muy fácil que, al trasladarse a La Habana, coincidiera con Lezama, entonces uno de los jóvenes poetas más destacados de la región.

James Valender, en la preciosa edición de *El impresor en el exilio. Tres revistas de Manuel Altolaguirre*, contó que, poco después de que los Altolaguirre llegaran a la capital cubana, en abril de 1939, varios intelectuales, encabezados por Lezama, hicieron una colecta para ayudar a los editores españoles a retomar su profesión. Junto al dinero, Manuel y Concha recibieron la propuesta de fundar, todos juntos, una revista. Asegura Valender que los españoles aceptaron la ayuda ofrecida, pero que, con el apoyo económico, decidieron lanzar una colección de libros en lugar de una revista. El investigador plantea la hipótesis de que *Espuela de Plata*, impresa por primera vez en septiembre de 1939, fue seguramente esa revista que Lezama habría querido que Altolaguirre editara, pero que el español no materializó (27).

Quizás por este malentendido, aunque Méndez fue publicada en *Espuela de Plata* desde el primer número, con el poema "Ausencia," no fue hasta el segundo número que su esposo apareció entre los miembros del Consejo Editorial. Gracias a la pluma de Altolaguirre llegaron noticias sobre Miguel Hernández, Antonio Machado y Valle Inclán, así como los versos de Luis Cernuda, Jorge Guillén, Pedro Salinas y el pensamiento de José Ferrater Mora. La presencia del impresor diversificó la tradición poética española en el proyecto editorial, una particularidad que se extendió hasta *Nadie Parecía* y que contribuyó a convertir a Cuba en uno de los centros editoriales y noticiosos del exilio español. Este acercamiento es fundamental para comprender la historia de *Orígenes* y también de *Ciclón*, porque la obra hispánica fue parte fundamental de sus respectivos catálogos. En la imprenta La Verónica, que creó en La Habana, Altolaguirre llegó a imprimir además dos números de *Espuela de Plata*: el C-D correspondiente al período enero-marzo de 1940, y que fue un homenaje a Juan Ramón Jiménez; y el E-F, que abarcó de abril a julio del mismo año.

Espuela de Plata murió en 1941, a partir de las diferencias que se suscitaron entre sus colaboradores cubanos y los directores Lezama, Mariano y Guy Pérez Cisneros, cuando éstos declararon el carácter católico de la publicación. Estas discusiones, experimentadas por los escritores de la isla a medida que se consolidaban sus poéticas, pueden suponerse mucho más marcadas en una tradición tan extensa como la española. Sobre todo, porque los peninsulares experimentaban en el momento el dolor y la separación física provocadas por la Guerra Civil.

En España, Juan Ramón Jiménez destacó desde 1920-1921, con la publicación de su *Diario de un poeta recién casado* y después con

Eternidades. Miguel de Unamuno y Antonio Machado eran reconocidos como maestros de las letras hispánicas, cuando el de Moguer comenzó su ascenso. Los años climáticos de su magisterio coincidieron con la llegada al mundo de la que sigue siendo conocida como Generación del 27, y de la que Altolaguirre se sigue considerando parte, a pesar del fracaso posterior de cualquier teoría generacional. Con Jiménez los más jóvenes compartieron, en sus primeros momentos de autorreconocimiento, el interés por un arte lúcido, aséptico, a la vez cercano a corrientes de tradición oral y popular. Pero tan temprano como comenzaron entre ellos los acercamientos, se dieron también las incomprensiones (J.O. Jiménez 21).

En 1921, cuando todos estos procesos de conformación grupal apenas comenzaban a esbozarse, Juan Ramón expresó su anhelo de conocer a Jorge Guillén. Sin embargo, en las cartas a su novia Germaine Cahen, Guillén se mostró receloso al interés del poeta de Moguer. "Je suis méfiant par nature," escribió. En 1929, reiteró su idea de manera más explícita al referirse a Juan Ramón como "cariñoso. Pero para mí, íntimamente distante, me cohíbe" (citado por Ciplijauskaité 78).

El 27 de agosto de 1925, Aleixandre dirigió una carta a Juan Ramón, llamándolo "querido e 'invisible' maestro" (31). En ella relacionó detalles sobre su lugar y fecha de nacimiento, para contribuir con la publicación de algunos versos suyos en *Si*, la segunda revista dirigida por el autor de *Eternidades*. Todo indica que a Jiménez le interesaba promocionar a la nueva generación poética. Ese fue también el objetivo que persiguió con la creación de *Índice* en 1921.

Sin embargo, en *Ideolojía. Notas sobre poesía y poetas*, el de Moguer escribió una expresión ya sintomática de la ruptura que sobrevendía después entre él y la Generación de 1927: "lo espiritual, lo ideal, lo trascendente, que venía a mí, en lo contemporáneo poético español, desde Bécquer y Unamuno, acaba en España con mi jeneración" (11). Percibía una diferencia insalvable entre su percepción de la poesía y la percepción de los más jóvenes.

En julio de 1932, Juan Ramón publicó su caricatura sobre Jorge Guillén en el número 2 de *Sucesión*. Se concentró en expresar que a la poesía de Guillén y a la de Salinas le faltaba "gracia." La reacción del autor de *Cántico* no fue negativa. En el artículo "Apostilla a una polémica: J.R. Jiménez y los poetas del 27," Biruté Ciplijauskaité reúne algunas de las cartas de Guillén que, sin estar dirigidas a Juan Ramón, iluminan las sombras del conflicto que fue creciendo entre ambos. En carta a su prometida, fechada el 14 de agosto del mismo año, Guillén comentaba su alegría con los criterios del maestro y con "ese magnífico retrato excesivo" (81). Le contó además que hizo copias de su poema "Salvación de la primavera" para enviarlo a seis amigos, entre los que contaba, por supuesto, a Juan Ramón.

El 19 de mayo de 1933, en otra carta a Germaine, Guillén le explicó que se ha cansado de esperar porque publiquen su poema "Todo en la tarde," en la revista *Los Cuatro Vientos*, "esos *Cuatro Vientos* que no salen— ni me dejan salir a mí" (Ciplijauskaité 82). Cinco días después, similar explicación escribió a su amigo Pedro Salinas, con quien compartía la dirección de *Los Cuatro Vientos*. Estaba planificado que su poema siguiera a una página que Juan Ramón había escrito sobre Bécquer; pero Guillén, en su premura acaso juvenil, decidió no esperar por la revista. Cuando el moguereño se enteró que "Todo en la tarde" había aparecido en la revista *El Sol* el 30 de mayo de 1933, retiró, airado, su colaboración de *Los Cuatro Vientos*. En las primeras páginas del número 2 de la revista, donde debió aparecer su trabajo, se publicaron entonces "Versos" de Miguel de Unamuno.

En esas fechas, Guillén explicó a un amigo su decisión de publicar a Unamuno: "Tuve, al fin, que ordenar el sumario. Sin titubeos puse primero a Don Miguel de Unamuno, tan visiblemente Decano o Patriarca de la literatura española actual" (14). El 27 de junio de 1933, Guillén recibió un tajante telegrama: "Quedan hoy retirados trabajo y amistad. Juan Ramón Jiménez." Al que el más joven respondió el mismo día: "No entiendo nada, no sé nada. Tengo derecho a explicaciones y las exijo. Jorge Guillén." Solo Juan Ramón conoció lo suficiente el sentido de su caricatura en *Sucesión*, 1932, para asumir que las decisiones editoriales de Guillén eran una venganza planificada durante meses como respuesta a su retrato.[10]

Las incomprensiones se extendieron. Juan Ramón lamentó, el 27 de abril de 1946, en carta a Amado Alonso, que "en el asunto de Jorge Guillén, él ha cuidado mucho de alterar lo sucedido, en cartas particulares." En su misiva hizo su recuento particular de los hechos, y rememoró conocer a Guillén desde la Residencia de Estudiantes.

En el número 31 de 1952, de la revista *Orígenes*, Jorge Guillén publicó un grupo de *Epigramas*. El cuarto se titula "Los poetas profesores." Es una especie de interpelación a una segunda persona, a través de la cual alude a la desconfianza de otros ante la conformación de un yo poético auténtico. Es un poema que carece de referencias específicas:

> ¿Y qué? ¿Usted me querría
> Genial ignaro? ¡Por Dios!
> Sostengo mi día al borde
> Mismo de la vocación
> Sin negocio que me anule,
> Sin ocio en que impere yo
> Corno altanero parásito
> De... No te canses, amor.
> Trabajar también ahonda
> La vida: mi inspiración. (13)

Se trata de la cuarta colaboración de Guillén en *Orígenes*, donde desde hacía cuatro años ningún texto de Juan Ramón había sido publicado. La larga ausencia de Jiménez se debió, presumiblemente,

---

[10] Toda la correspondencia de la polémica está recogida en el "Apéndice" de Francisco J. Díaz de Castro (ed. y pról.). *Los Cuatro Vientos. Madrid 1933*. Renacimiento, Sevilla, 2000, 23-38.

a los ataques nerviosos que sufrió por esa época, debido a que se vencía su permiso de residencia en Estados Unidos y no podía regresar a España (*Mi correspondecia* 64-70). Lo cierto es que el de Moguer estaba bastante alejado de Lezama, en esas fechas en que Guillén y Salinas compartían casi a diario con Rodríguez Feo. Es imposible defender una actitud ingenua en la composición poética de Guillén, pero cualquier mala intención que hubiese tenido con su "Epigrama" se quedó corta ante la postura defensiva de Jiménez, quien se sintió totalmente aludido por estos versos.

El moguereño envió entonces a Lezama su "Crítica paralela," exigiéndole que la publicara en *Orígenes*, donde había sido ofendido. Está claro que Juan Ramón conocía su influencia sobre los poetas cubanos, en especial sobre Lezama. Supo, por tanto, que su texto sería publicado sin objeciones.

Continuó la pelea en junio de 1953. Entonces el de Moguer dirigió una carta a Don Juan Fernández Figueroa, director de *Índice de Arte y Literatura*, donde le reprochó haber publicado, sin su permiso y con numerosas erratas, su conferencia "Crisis del espíritu de la poesía española contemporánea," originalmente pronunciada en Puerto Rico y Cuba, en 1936. Aseguró que el fragmento aislado tomaba tono de manifiesto, aunque reiteró que "de Guillén y Salinas sigo pensando y diciendo lo mismo que cuando escribí la conferencia; y peor, esto es, que la escritura de Guillén es didáctica y más cada vez" (citado por Pérez León 15-16).

Al conocer la existencia de dicha carta, Guillén entregó a *Índice* documentación epistolar sobre el suceso alrededor de *Los Cuatro Vientos* y sus desencuentros con Juan Ramón. Antes de que publicaran ese expediente, Jiménez se adelantó con otra carta, fechada el 23 de enero de 1954, donde explicó su versión. En la epístola aseguró no sentirse amenazado por los documentos en posesión de Guillén, y comentó que "en la revista *Oríjenes* [sic] de La Habana hay, hace ya varios meses, unas de J.G. a mí acompañando una décima mía a él, que contesta otras suyas, porque J.G. vive y colea aún por suerte para todos" (35). Los detalles de estos desencuentros en torno al expediente de la polémica se hallan recogidos en la excelente compilación de documentos hecha por Francisco J. Díaz de Castro, y reunida bajo el título de *Los Cuatro Vientos. Madrid 1933*. A pesar de la distante geografía que retrata, o precisamente por estar centrado en un momento trascendental en la consolidación del campo intelectual español, este resulta un título imprescindible también para comprender el discurrir de la historia cultural cubana en la primera mitad del siglo XX. Todo el material contenido en el volumen está relacionado en su totalidad con las polémicas que terminaron resolviéndose en tierra caribeña y marcando el destino de varios proyectos editoriales.

Los problemas que la publicación de esa "Crítica paralela" ocasionó entre los directores de *Orígenes* han sido analizados en páginas anteriores. Eliseo Diego, Cintio Vitier, Fina y Bella García Marruz, Roberto Fernández Retamar, Julián Orbón, Ángel Gaztelu y otros, "cerraron filas" con Lezama después de que él decidiera sacarla a la luz. Paradójicamente este cisma constituyó al grupo origenista que más se reconoce en la actualidad. Según testimonió Vitier, fue a partir de ese momento que su participación se hizo más importante y directa en la revista (Chacón 274). Aunque, sin dudas, su reconocimiento como pilar de *Orígenes* está ligado también a su trabajo posterior como uno de sus primeros historiadores.

En cualquier caso, la situación económica de *Orígenes* dejó de ser favorecedora cuando se perdió el sustento de Rodríguez Feo a raíz de la pelea entre Jiménez y Guillén, misma que se replicó entre los editores de la revista. Tanto Vitier como Retamar recordaron siempre con amargura —y cierto humor— los diez pesos que, a partir de ese momento, tuvieron que entregar cada mes para sostener la revista. Juan Ramón también hizo su aporte económico, al menos el mismo año del cisma origenista, después de que Lezama le comentó, en carta del 22 de abril de 1954, que siempre el "otro" director era el que había solventado la parte económica y que, por eso mismo, se enfrentaba a la debacle.

El 9 de julio de 1954, Jorge Guillén respondió una carta que Cintio Vitier le había enviado intentando explicar la "buena fe" de la publicación de "Crítica paralela." En su misiva, Guillén escribió: "Deploro que todo ello haya originado un cisma. En ese incidente yo no podría ser actor. Ni sé nada de esa historia ni me concierne" (161). Cito las palabras del autor de *Cántico* porque ilustran el muy temprano uso del término "cisma" para referirse a la ruptura al interior de *Orígenes*. Esta fue una forma de poetizar la cadena de sucesos personales y literarios que, por momentos, llegó a ser sumamente vulgar. La actitud de los españoles ante lo acontecido manifestó además una realidad, acaso decepcionante, pero cierta: la revista más importante de la primera mitad del siglo XX cubano fue el instrumento de una vieja polémica que no emergió en sus páginas, fue el vehículo para canalizar las inseguridades de ciertas figuras públicas, e incluso de ciertos ataques nerviosos. Como instrumento al fin, también fue desechable una vez que cumplió su parte. Los españoles apresuraron la fractura de *Orígenes* que ya se venía anunciando, pero, ni de un lado ni del otro, tomaron responsabilidad en el asunto.

En *Poesía y poética del Grupo Orígenes*, Alfredo Chacón recoge una versión diferente de este tomentoso *finale*, más digna de la historia de vida de la publicación y que construyó Lezama, con su particular visión del mundo y su anhelo de trascendencia:

> Hice cinco números más de *Orígenes* hasta completar los cuarenta. Pero creo que ya en realidad había cumplido su rol. Había precisado una generación que ya ofrecía sus primeras obras, había mostrado una prolongación, un desarrollo, y también los últimos valores que iban surgiendo. ¿Qué más se puede apetecer con una revista?

En algo sí tuvo rotunda razón el poeta: *Orígenes* fue la levadura de una generación literaria fundamental que, a partir de ese momento, marcó el discurso cultural de la nación. Es que tanto *Orígenes* como

Ciclón fueron mucho más que una sucesión de polémicas. Aunque me aventuro a afirmar que las desavenencias suscitadas alrededor de la más antigua de ellas permiten reconocer mejor el espíritu de su sucesora. *Ciclón* no borró a *Orígenes*, pero fue el disentimiento como *Poeta*, también fue la levadura, el protoplasma de una cultura que quizás estaba demasiado unificada entorno a su cabeza de generación. *Ciclón* fue la revolución cultural antes de la revolución política, un grito que acalló la circunstancia social pero que cambió el rostro de la literatura nacional para siempre. A nivel temático, estético y generacional, *Ciclón* retó todo lo que *Orígenes* había establecido como norma. Y ese fue su mayor logro.

EL ABORTO DE *ORÍGENES* QUE DIO A LUZ A CICLÓN

José Rodríguez Feo conoció a Pedro Henríquez Ureña en el otoño de 1940. Según las memorias que recoge en "Prólogo. Mis recuerdos de Pedro Henríquez Ureña" (1965), el más joven cursaba estudios de literatura norteamericana en el College de la Universidad de Harvard cuando Ureña llegó a la Casa de Altos Estudios para dictar un ciclo de conferencias, instituido en homenaje a Charles Eliot Norton. La empatía entre ambos fue inmediata. Sobre los frutos profesionales que dio esa amistad también dejó testimonio Pepe. Dijo que, tan pronto supo Ureña que él estaba de vuelta en Cuba, le recomendó acercarse a José Antonio Portuondo, Ángel Augier, Cintio Vitier, Nicolás Guillén, entre otros (XIV-XV).

Fue Pedro también quien enseñó a Rodríguez Feo que cada generación debía crear su propia tabla de valores para enjuiciar a la literatura del pasado, que no debía asumir las querencias ni creencias de otros. El alumno tomó el consejo al pie de la letra, y sin timidez. Gracias a estas remembranzas es posible suponer que el acercamiento que se inició entre el mexicano Alfonso Reyes y José Rodríguez Feo, algo tuvo que ver también con la amistad que ambos compartieron con los hermanos Henríquez Ureña, y especialmente con Pedro. El mayor de los Ureña falleció el 11 de mayo de 1946. En los intercambios de correspondencia que sostuvo con el joven editor cubano hasta el final no dejó de recomendarle que leyera a Juan Ramón Jiménez, Unamuno, Borges, Alberti, Luis Cernuda, Guillén, Salinas, García Lorca y, por supuesto, a Reyes.

El 5 de abril de 1946, Rodríguez Feo instalado, por problemas de salud, en el pueblito de San Miguel de Los Baños, en las afueras de La Habana, compartió con Lezama su intención de trasladarse a la capital solo para asistir a la Feria del Libro y a una exposición de pintura, dedicadas a la cultura de México, y donde debían participar Carlos Pellicer y Alfonso Reyes. Pocos días después, Lezama le contó que la

Feria del libro mexicana había sido solo un intento mal logrado, a donde no habían llegado Alfonso Reyes ni Pellicer, ni Castro Leal, quienes estaban entre las visitas anunciadas (45-46). Las cartas que intercambian en estas fechas indican que ambos estaban manejando la idea de dedicar una edición de *Orígenes* a la literatura mexicana. El número salió finalmente un año después, en la primavera de 1947.

A mediados de 1946, Rodríguez Feo volvió a Nueva York. Regresó a La Habana en septiembre, pero antes hizo una escala en México para concretar un viaje que había planeado durante meses. Durante su estancia se reunió, por fin, con el buscado Don Alfonso Reyes. Por carta inédita del cubano al mexicano se sabe que consiguió "pesadamente," en "librería de viejos," las *Cuestiones gongorinas*, un libro que Ureña le "recomendó tanto." Con su "pesadamente," el cubano aludía al duelo experimentado por la pérdida reciente del mismo Ureña. Compartió ese dolor con Reyes desde la primera carta que le envió fechada en La Habana, el 5 de octubre de 1946. En ella también habló de la coincidencia que había significado encontrar a Camila Henríquez Ureña, cuando ella esperaba sus papeles para viajar a México. Lamentó además "la falta de tiempo que no nos permitió platicar más extensamente sobre, oh, cuantas cosas que me interesaban saber de sus labios."

La correspondencia entre ambos se mantuvo, con períodos de interrupciones, hasta 1955. Es evidente que, durante su encuentro en México, Rodríguez Feo invitó a Reyes a colaborar con *Orígenes*. Porque en su primera carta dijo estar muy esperanzado con la salida del "número mexicano." Y aclaró, en una de sus postdatas, que le había escrito una carta a Carlos Pellicer pidiéndole también colaboración. El editor le recordó a Reyes que debía enviar pronto las páginas de memorias que había prometido para publicar en *Orígenes*, un texto que debía tener entre 15 y 20 cuartillas, escritas a máquina, a doble espacio.

Excepto por una de las misivas que intercambiaron durante nueve años, la correspondencia entre Reyes y Feo permaneció inédita.

El conjunto sobrevivió en una de las Capillas Alfonsinas, en México, gracias a la conciencia del autor de *Ifigenia cruel* sobre su papel en la historia literaria del continente, y gracias a cuidadosos procesos de conservación documental de sus herederos. Alfonso Reyes convirtió su hogar en una celosa tesorería de sus documentos personales, fundamentales para recrear el devenir del arte hispanoamericano del siglo XX, incluida la historia de Cuba.

El de Reyes y Feo es uno de los diálogos epistolares más extensos de todos los sostenidos por el mexicano con un autor cubano o residente en Cuba. La aclaración es necesaria porque el libro *Cartas a La Habana. Epistolario de Alfonso Reyes con Max Henríquez Ureña, José Antonio Ramos y Jorge Mañach*, editado en 1989 por Alejandro González Acosta, evidencia la existencia de un antecedente en la correspondencia entre el mexicano y autores caribeños, pero no la agota.

En la "Introducción" que escribió Feo para su libro de correspondencia con Lezama, aseguró que "antes de regresar a Cuba a fines de octubre de 1946, visité México donde preparé el número homenaje a ese hermano país" (49). Gracias a sus cartas dirigidas a Reyes es posible afirmar que su viaje se produjo, en realidad, en septiembre de 1946, y no en octubre, pues el 5 de octubre ya estaba fechando papeles desde La Habana (14). Los materiales inéditos reafirman además el importante rol que jugó Rodríguez Feo en los procesos de producción de *Orígenes*; su trabajo como editor y la condición de igualdad que compartió con Lezama a la hora de tomar decisiones editoriales. Si todo esto fuera poco, que no lo es, las últimas cartas permiten conocer cómo él manejó, fuera de su círculo de amigos cercanos, la dramática disolución de *Orígenes* y el posterior nacimiento de *Ciclón*.

Como la relación entre el mexicano y el cubano no ha sido estudiada hasta este momento, detallo aquí su cauce progresivo, hasta llegar a los sucesos que más interesan a este libro. El 18 de octubre de 1946, redactó Reyes su respuesta a la primera carta, "con el mejor recuerdo" y algunas líneas dedicadas a la memoria de Pedro

Henríquez Ureña. El mexicano aseguró que "no he podido confirmar la especie de que Villaseñor vaya a editar cartas de Pedro. Pero me extrañaría que no hubiera acudido a mí, dueño acaso de las más enjundiosas." En el mismo sobre colocó su prometida colaboración para *Orígenes*, el testimonio ensayístico "Un padrino poético."

En su texto, aparecido en el número 13 de *Orígenes* de 1947 (5-8), Reyes recreó detalles de la relación familiar e intelectual que le unió al reconocido poeta mexicano José Manuel Othón. Las que él presentó en su carta como "ligeras páginas" son en realidad un texto hilarante y sentimental a la vez, que mucho dice sobre el papel de su familia en la historia mexicana, así como sobre la transición entre el universo intelectual y político del México de finales del siglo XIX y principios del XX.

La siguiente carta que se conserva está fechada en [29] abril de 1952, escrita de puño y letra por Rodríguez Feo. Entre 1946 y 1952, la comunicación entre ambos intelectuales fue escasa o nula, porque en esta misiva del 52 Rodríguez Feo lamentó que los de *Orígenes* "nunca recibimos noticias de los amigos de México realmente nos entristece ese silencio profundo." Sin muchos rodeos, comentó a Reyes que "*Orígenes* quisiera publicar pronto otra colaboración suya, si no está muy atareado se lo agradeceríamos." La respuesta de Reyes tardó hasta el 9 de agosto de 1952, y llegó con lo que el autor llamó "dos poemitas para su revista *Orígenes*. Ojalá le sean gratos."

Un mes después, el 10 de septiembre, Rodríguez Feo agradeció los "hermosos poemas" que Don Alfonso le había enviado para publicar. Ninguno de los dos mencionó los títulos. Hoy es casi imposible rastrearlos, porque no llegaron a ser publicados en La Habana. *Orígenes* se preciaba de la publicación exclusiva de traducciones y textos, y Rodríguez Feo se negó a publicar estas obras de Reyes porque las encontró en su volumen *Poesías escogidas*. En carta de enero de 1954, así le contaba la anécdota: "leyendo su último libro *Poesías escogidas* (Fondo de Cultura) descubro que aparecen en el mismo los dos poemas que nos envió para *Orígenes*. (...) como ya están publicados, no podremos contar con esos."

La respuesta de Reyes llegó de inmediato. En su carta explicaba su confusión con la fecha de salida de la revista y para sustituir su obra envió dos páginas inéditas de *Marginalia: Bombas de Ideas*. Este apareció en el número 33 de 1953 (31-32), que sería el penúltimo número de *Orígenes* que dirigieron juntos Lezama y Rodríguez Feo. La próxima vez que Feo escribió a Don Alfonso fue precisamente debido a la ruptura de *Orígenes*. Así lo muestra el siguiente fragmento de su carta, fechada el 14 de mayo de 1954:

> Para invitarlo a que forme parte del Comité de Colaboración de la revista *Orígenes* que ahora hemos formado. Quisiéramos que en él figurase un escritor de México y hemos pensado que nadie mejor que usted podría representar a la hermana república. En la actualidad el Comité está integrado por los poetas Cernuda, V. Aleixandre, Jorge Guillén y el ensayista Alejo Carpentier, además habrá varios cubanos.
>
> También hemos comenzado a pagar las colaboraciones a *Orígenes*, pues hemos obtenido dineros para este fin. Ahora planeamos un número para celebrar el décimo aniversario de la revista y agradeceríamos mucho nos enviara algo para ese número si no tiene mucho trabajo.

Esta carta tiene un importante valor en la historia que aquí se sistematiza. Forma parte de un conjunto mayor de notas e invitaciones, enviadas por Rodríguez Feo a escritores de varios países, a quienes convocó a formar parte del Comité de Colaboradores de un nuevo *Orígenes*, cuya "minúscula" particularidad era no tener a Lezama Lima como director ni colaborador. El documento enviado a Reyes permite contrastar además las diferentes formas en que un personaje como Rodríguez Feo manejó públicamente la ruptura de *Orígenes* en el momento que se estaba produciendo. A diferencia de los detalles del enfrentamiento con Lezama que brindó en una carta enviada al poeta español Vicente Aleixandre, a Reyes no le dio pormenores sobre lo sucedido. De hecho, llama la atención que su carta del 14 de mayo de 1954 fue escrita en plural como las anteriores y, más, que en ella empleó formas verbales como "hemos formado," "quisiésemos," "agradeceríamos," cuando en realidad navegaba solo la ruptura de *Orígenes*.

La carta de Rodríguez Feo a Reyes aporta nuevos detalles a un acontecimiento que, no por muchas veces recreado, se ha agotado en todas sus dimensiones. Permite además afirmar que no fue solo la reiterada conformación del Comité de Colaboradores una de las primeras decisiones de Rodríguez Feo para transformar la revista, sino también su idea de comenzar a pagar las colaboraciones. Es muy probable que esta disposición económica haya contribuido con la avalancha de textos recibidos por él para su *Orígenes*, la mayoría de los cuales apareció paulatinamente en *Ciclón*.

En medio de un eminente pleito legal con Lezama Lima, dudando sobre el futuro del proyecto al que se aferraba, Rodríguez Feo renunció finalmente a preparar el homenaje al décimo aniversario de *Orígenes* al que había invitado a Reyes. Dirigió el número 35 y 36 de la revista donde incluyó la lista del Comité de Colaboración, que quedó conformado por Vicente Aleixandre, Enrique Anderson Imbert, Jean Cassou, Luis Cernuda, Jorge Guillén, Henry Levin, Alfonso Reyes y María Zambrano.[11]

En estas decisiones editoriales es posible identificar sus primeras voluntades de distanciamiento editorial con respecto al *Orígenes* que se conocía hasta ese momento. La fundamental aparece desde la contraportada, debajo de la lista del Comité de Colaboración. Allí se

---

[11] No se conocen testimonios que justifiquen la exclusión de otros invitados, como Alejo Carpentier, aunque es probable que, a última hora, Feo haya tomado la decisión de conformar el Comité solo por autores foráneos. Como prueba de que esto no debe haber generado conflictos mayores puede citarse la publicación "El Acoso (Fragmento de novela)," de Carpentier, que apareció en el número 36 de *Orígenes* de 1954, dirigido por Feo.

colocó la aclaración sobre el carácter inédito de las colaboraciones y traducciones, luego el precio del ejemplar suelto ($ 0.50) y de las suscripciones, y justo debajo el nuevo crédito de la dirección editorial: "Redacción y Administración: J. Rodríguez Feo, Calle 23 No. 1516 Vedado, La Habana, Cuba." El crédito por la "administración" representó un cambio en los principios materiales del proyecto. Por la carta que envió Feo a Reyes en mayo de 1954, se sabe que, para entonces ya estaba decidido a pagar las nuevas colaboraciones, quizás de ahí se derivó la particularidad del crédito con que se presentó como director, o mejor como administrador, en los dos números de la revista que dirigió solo.

Este ardid de economía de la cultura, digno del mecenas que siempre fue Rodríguez Feo, se mantuvo después en *Ciclón,* aunque sin ser enunciado. Es posible que, a pesar de la crítica de algunos, esta decisión haya contribuido de manera definitoria con la aparición sistemática de grandes autores de todo el mundo en las páginas de la joven revista, incluso cuando esta carecía del amparo literario lezamiano. Sobre este particular volveré más adelante, porque en este punto de reconstitución de la historia, la pregunta de rigor es: ¿fueron los nuevos *Orígenes*, dirigidos por Rodríguez Feo, una continuidad de la revista o se acercaron más a las pretensiones de su sucesora *Ciclón*?

Ninguna de las dos investigaciones más extensas que se han producido sobre *Ciclón* se ha detenido en el análisis formal de estos dos números. Pérez León, en una nota de *Tiempo de Ciclón*, escribió que "como se sabe los números 35 y 36 de la revista fueron números dobles. Cabría peguntarse cuál de los dos *Orígenes* puede ser considerado apócrifo y cuál canónico" (209). Mientras Moreno refirió la existencia de los números dobles con la siguiente línea: "Rodríguez Feo entonces decidió romper relaciones y editar su propia *Orígenes*, que alcanzó sólo dos números, para después fundar la antiorigenista *Ciclón*" (42).

En 2008, Gema Areta Marigó prologó una edición facsimilar, al cuidado de la editorial Renacimiento, donde incluyó los dos números.

El libro se titula *Orígenes: revista de literatura. Números 35 y 36. Director, José Rodríguez Feo*. Cuenta con un breve prólogo de la investigadora, "Lenguaje de clan (género y especies)," dedicado a analizar las causas que motivaron la ruptura de la publicación. Sobre los cambios en los dos números dirigidos por Feo, Marigó comenta:

> Sin la presencia de Lezama sobre el "mandarín letrado[,]" José Rodríguez Feo inicia desde su *Orígenes* un nuevo proyecto que tendrá en *Ciclón* la fase más definitiva. Con un cambio en la imprenta (de Úcar García a Vega y Cía.) y un tipo de letra distinto (algo menor e inclinada a la derecha) en el título, José Rodríguez Feo publica el número 35 bajo su dirección única y con un comité de colaboradores [...]. Mientras Lezama cierra el consejo a sus más íntimos discípulos, Rodríguez Feo lo abre a aquellos "equilibristas embozados de la literatura" como los llamó Juan Ramón Jiménez, a sus profesores y críticos preferidos, junto a la compañía de antiguos amigos. (XXXVII)

Como sugiere el texto anterior, los números 35 y 36 de la revista, correspondientes a 1954 y dirigidos por Rodríguez Feo han quedado en una especie de limbo literario. Este olvido puede deberse a la incomodidad de dos números difíciles de calificar como parte de un proyecto o de otro. O quizás porque, no alcanzan importancia suficiente entre quienes siguen más enfocados en considerar la ruptura de *Orígenes* como producto de una perreta literaria, sin ahondar en las complejas diferencias que lo ocasionaron. Lo cierto es que, en los dos números de *Orígenes* que dirigió Feo no hay nada de apócrifo, y mucho de ciclónico. Su principal defecto fue acaso una pluralidad temática y estética que jugaba con el espacio sin redondear un discurso estético específico. Pero Feo inició en ellos una búsqueda de expresividad propia que ya, para el primer número, de *Ciclón* había fructificado.

LOS "OTROS" FUERON LOS PRIMEROS

A nivel formal, en su diseño y tipografía, los dos números dirigidos por Rodríguez Feo no presentaron demasiada diferencia con lo que había sido *Orígenes* hasta la fecha. Las sendas portadas con ilustraciones de Mariano Rodríguez (núm. 35) y Fayad Jamís (núm. 36), seguidas por los respectivos sumarios, el uso de la misma letra y formato de impresión, son algunas de las características que se conservaron intactas. En definitiva, queda claro que la primera idea de Rodríguez Feo era continuar el proyecto, con algunas modificaciones importantes como el Comité de Colaboración y los pagos a colaboradores. Tampoco tuvo mucho tiempo para pensar en renovaciones, porque el número dirigido por Lezama fue impreso meses antes que el suyo, dejándolo en desventaja editorial y acaso también moral. Los dos intelectuales sabían que la pelea por la revista estaba en un momento definitivo, que les demandaba más acción que reflexión literaria.

Como era de esperar el número 35 dirigido por Feo saldó, desde su primera página, la deuda que había quedado pendiente con la provocadora publicación de "Crítica paralela," de Juan Ramón Jiménez. Por ello se publicó el poema "El Viejo y el Sol" (3-4), de Vicente Aleixandre, sin notas preliminares y como trabajo de apertura de la edición. Cumplió así el editor con la fórmula de desagravio que el español había solicitado en su carta del 12 de abril de 1954: "No quiero que se haga en la revista ninguna alusión a la agresión de que fui objeto. Sería potenciarla, dar lugar a una continuación, etc. De modo que desdén absoluto y silencio total" (citado por Pérez León 150-51).

"El Viejo y el Sol" es un poema de versos irregulares, casi todos compuestos, y de rima asonante. Es un ejemplo de poesía coloquial, especie de retrato que parte de la contemplación de un hombre y el paisaje que ese hombre habita. El yo poético describe cómo luce un viejo arrullado por el sol, un sujeto que al paso de los años se desintegra ante su vista, se metamorfosea en el mismo paisaje donde ha estado siempre. Estos versos pueden ser considerados una metáfora de la finitud de todas las cosas humanas, pero también puede leerse como una representación de las diferencias poética que se producen entre bardos más experimentados y sus jóvenes discípulos, a medida que se transforma su obra. Si se asume esta última interpretación como posible, el poema de Aleixandre estaría contestando la crítica sistemática que sufrió su grupo literario por parte de Juan Ramón Jiménez, al representar al maestro como un hombre invisible, que ha perdido ya importancia y presencia en el escenario lírico que antes dominaba.

Llama la atención que, a pesar de la negativa de María Zambrano a colaborar con un espacio del que se hubiese excluido a Lezama (Pérez León 210), no sólo apareciera su nombre en el Comité de Colaboración, también un texto suyo en el número 35 del *Orígenes* de Feo. Se trató de "Tres Delirios," presentado como parte "Del libro inédito *Delirio y Destino*. Mencionado en el Premio Europeo de Literatura." Bajo el título general de "Tres Delirios" se incluyeron las tres narraciones: "Corpus en Florencia," "El Cáliz" y "La condenación de Aristóteles," todas escritas con tono ensayístico, todas reflexiones sobre la religión católica y la creación artística, temas recurrentes en la obra de Zambrano. En "Corpus en Florencia" se describe una procesión a orillas del Río Duomo. En "El Cáliz," a través de la posesión de un objeto, un hombre y una mujer reflexionan sobre pensamiento y arte; "La condenación de Aristóteles" concluye con una moraleja enfocada también en el arte: es necesario sentir para crear (5-9). En estos textos, la autora abunda en su visión filosófica sobre la poesía como única y verdadera expresión del hallazgo de la Verdad, insiste en el reconocimiento del logos como acción, la misma idea que defendía en su ensayo de 1939, *Filosofía y Poesía* (13).

Si Zambrano se enfoca en la búsqueda del sentido de la vida a través de la poética, el cuento de Ramón Ferreira, que sucede a sus textos, titulado "Entre dos luces," contrasta por la mundanidad de su tema. La narración está escrita en tercera persona. El narrador recrea un día en la vida de un hombre que está apostado en una esquina de La Habana, esperando el momento para asesinar a otro.

Los recuerdos de su amante y de un viejo homosexual que lo acosa, se cruzan con las acciones del día (10-17). Antes de la ruptura de *Orígenes*, Ferreira sólo había colaborado una vez con la revista, en 1952. Su cercanía parecía ser más con Rodríguez Feo pues, como se verá más adelante, tres colaboraciones suyas aparecieron en *Ciclón*.

Por supuesto que también Luis Cernuda estuvo presente en este número 35 de *Orígenes*, con su ensayo "El Crítico, el Amigo y el Poema" (18-30). Este era la transcripción de una conversación apócrifa entre un supuesto amigo suyo y un crítico que acusaba a Cernuda de copiar a Jorge Guillén. El objetivo era negar, con hechos y fechas, la influencia de *Cántico* en *Perfil del aire*. Para Cernuda la principal prueba de esta no-influencia era que su *Perfil del aire* vio la luz en 1927, un año antes de que Guillén publicara la primera versión de *Cántico*. "El Crítico, el Amigo y el Poema" trataba de desmentir lo que estos poetas entendían como una negativa interpretación de la crítica frente a la obra de los exponentes de la Generación del 27. Al aceptar sus lecturas de Góngora como vehículo que lo llevó a Mallarmé, y éste a su vez a toda la poesía francesa, Cernuda aspiraba a tomar distancia de la vocación por Bécquer que los adeptos a Juan Ramón le achacaban con insistencia.

Este número 35 de *Orígenes* es un número de contrastes, tanto por la variedad de géneros literarios que recogió, como por los autores a quienes dio voz y los temas que en sus páginas se trataron. No existe una unidad temática en los textos que reúne, aunque se adivina la aparición de ciertas tendencias que lo diferencian de los *Orígenes* lezamianos. Esto podría haber sido producto de una casualidad, pero parece provenir más de la ideología artística de Rodríguez Feo, si consideramos que algunas de esas temáticas luego van a ser recurrentes en *Ciclón*. Primero, la alusión a la homosexualidad que aparece en el cuento de Ferreira y que se replicará en la nueva revista con textos del Marqués de Sade, Calvert Casey o Ferrer. Segundo, la reconformación de la ciudad como espacio narrativo fundamental en la producción artística de la época, que se observa en esta narración de Ferreira y también en la obra de los autores españoles incluidos, y que en *Ciclón* retomarán Piñera, Humberto Rodríguez Tomeu, Guillermo Cabrera Infante, entre otros. Tercero, la frustración de la vida privada en el siglo XX, a raíz de diferentes acontecimientos bélicos que cambian las relaciones humanas. Un tema sobre el que versarán en *Ciclón* cuentos de Antón Arrufat, Luis Marré, la argentina Graciela Peyrou, entre otros.

A perfilar estas tres tendencias temáticas contribuyó, sin dudas, la única publicación en *Orígenes* que hizo Guillermo Cabrera Infante. Se trata de su cuento "La Mosca en el Vaso de Leche" (31-36). El explorar el espacio doméstico como expresión del desencanto social, que manejó el autor, se insertó después como una fórmula narrativa recurrente en *Ciclón*. Esta forma decepcionada de mirar la realidad sería compartida en la nueva revista por Virgilio Piñera, con la mayoría de sus textos narrativos publicados; pero también llegaría a través de la poesía de Nivaria Tejera y del español Jaime Gil de Biedma, de las narraciones breves de los hermanos argentinos Graciela y Manuel Peyrou, así como de los cuentos de René Jordán.

Cabrera Infante ha sido, sin duda, uno de los cronistas más importantes de la realidad cubana; pero más que por narrar el accionar cotidiano, perdura su obra acaso porque retrató lo más íntimo del carácter del ser cubano y cómo se expresa en una forma de lenguaje que nos ha definido culturalmente durante el siglo XX y lo que va del XXI. Su llegada tardía como autor a este *Orígenes* ya desintegrado no entra en contradicción con su rol generacional: Cabrera Infante practicó durante años el periodismo cultural, un gesto literario que lo ubicaba, avanzada la década de 1950, entre los más reconocidos nombres de la revista *Carteles*. Con su cuento "La Mosca en el Vaso de Leche," el autor retomó tópicos y personajes muy presentes en el teatro y la narrativa cubana de la época, al colocar como protagonista a una costurera solterona, frustrada por la vida a la que la condenaron sus dos hermanos sastres. La narración carece de la simpatía y experimentación con el lenguaje que muy pronto caracterizaron a la obra de Infante y de las que se nutrieron novelas suyas como *Tres Tristes Tigres* y *La ninfa inconstante*. Pero comparte, con esas obras posteriores, la tendencia a tomar la literatura oral como fuente fundamental de sus historias y como referente de la estructura narrativa.

La (des)organización de este número 35 de *Orígenes* está relacionada entonces con las inclusiones de estas nuevas voces y temáticas, pero pudo tener como motivo también la insistencia de Aleixandre para que Rodríguez Feo no hiciera visible ninguna respuesta a la afrenta de Juan Ramón. Pues, a pesar de que aparecieron textos de todos los poetas españoles aludidos en "Crítica paralela," el editor determinó separarlos con narraciones de cubanos que, en realidad, nada aportaban a la formación de un conjunto crítico. Si el poema de Aleixandre y el texto de Zambrano aparecieron seguidos por el texto de Ferreira, al ensayo de Cernuda le sucedió el cuento del primerizo Cabrera Infante; que a su vez antecedió un conjunto lírico de Jorge Guillén. Esta alternancia entre jóvenes autores cubanos y los autores españoles agraviados por "Crítica paralela" es demasiado precisa para ser casual.

Cinco poemas de diferente métrica reunidos bajo el título general de "Isabel," fueron publicados por Guillén (37-39). Isabel es la protagonista de "Clamor inicial," "A través del momento," "Adoración de la criatura," "Niña Doliente," e "Inmortal Isabel." En ellos el yo poético elogia la inocencia de la protagonista, y el anuncio progresivo del crecimiento a través de los cambios en su cuerpo.

El ensayo "De la caverna platónica al cine moderno. (Dos metáforas y una sola verdad)," es la segunda publicación de Juan David García Bacca en *Orígenes*. La primera había sido "Lied mit worten," aparecida en el *Orígenes* 14 de 1947 (40-42). "De la caverna platónica al cine moderno..." es, como su título lo indica, un texto sobre cine, donde el español, entonces recién nacionalizado venezolano, criticó la brutalidad de la realidad, la fenomenología y la forma en que la gente vivía transversalizando su realidad con el cine, creyendo que la vida debía tener los clímax y complejidades de una película. Su conclusión era que la realidad no era la brutal, brutos eran los individuos. La actitud radical y el tono humorístico de García Bacca, quien se adelanta por cierto a los conceptos de sociedad del espectáculo y mediatización cultural hoy en boga, habrían sido dignos de la política editorial de *Ciclón*. Aunque ningún texto suyo apareció después en la revista, donde, sin embargo, sí se practicó sistemáticamente la crítica cinematográfica y se publicaron textos de reflexión sobre el séptimo arte. El cine había sido uno de los grandes ausentes de los *Orígenes* donde intervino Lezama, a pesar del ascenso de esta manifestación en el imaginario cultural de la época. Así que publicar textos sobre séptimo arte se convirtió, evidentemente, en un coqueteo con la modernidad, símbolo de la renovación estética y tecnológica con la que comulgarían los cicloneros.

En esta misma edición 35 de *Orígenes* dirigida por Feo es la primera y única oportunidad en que, bajo el membrete de la revista, aparecieron los nombres de Thomas Merton y Wallace Fowlie. Del primero se publicó el poema de cuatro estrofas "Canción para Nuestra Señora de la Caridad del Cobre," con traducción de Eugenio Florit. Del segundo apareció la reseña "Raymond Radiguet (1903-1923)," un acercamiento a la trama, estructura y poética de las dos novelas de Radiguet: *Le Diable du Corps* (1923) y *Le Bal du Comte d'Orgel* (1924). Aunque no se especifica quién tradujo este ensayo, es posible que haya sido Rodríguez Feo, que con seguridad conoció la obra de Fowlie en su coincidente peregrinar por universidades estadounidenses durante la década de 1940.

Se sabe que este primer número de *Orígenes*, dirigido por Feo exclusivamente, estuvo circulando, al menos, desde septiembre de 1954. Porque el día 28 de ese mes, Aleixandre fechó una carta donde lo felicitaba a propósito del logro. Mientras en misiva de octubre del mismo año, Lezama preguntaba a Juan Ramón: "¿Ha llegado a Ud. un *Orígenes* apócrifo, sacado por José Rodríguez Feo, del que le hablaba en mi última carta? Los habaneros se han reído de la sombra de ese *Orígenes*, recuerdo lejano y falso del verdadero *Orígenes*" (citado por Pérez León 117).

Muy temprano podemos identificar la tendencia a usar el adjetivo "apócrifo" para identificar estos números, digno del registro lezamiano. No "falsos," ni "dobles," sino "apócrifos," que hemos visto desplegado como categoría en los testimonios posteriores de Cintio Vitier y Fina García Marruz. La acusación era radical, aunque la más temprana salida del número 35 dirigido por Lezama, así como su innegable contundencia como conjunto literario, desacreditaban *per se* el esfuerzo de Rodríguez Feo por hacer su propio *Orígenes*. El de Trocadero le había ganado por partida triple: los origenistas más asiduos cerraron filas con él, probó su superioridad como intelectual en la concepción de un producto literario, a la par que pretendía no necesitar el dinero de su antiguo mecenas.

En *Querencia americana: Juan Ramón Jiménez y José Lezama Lima, relaciones literarias y epistolario* (2009), se replica una carta escrita por Lezama en mayo de 1954, cuatro meses antes de que Rodríguez Feo pudiera poner su *Orígenes* en la calle. Para entonces el autor de *Paradiso* mencionaba a su mentor la próxima salida de su propio número: "Ya tengo en prensa el nuevo *Orígenes*, no. 35. Creo que a más tardar tres semanas y estará despertando bellas motivaciones. Y Ud. tendrá en su poder su ejemplar calentito y matinal" (115). El número 35 dirigido por Lezama sí estuvo dedicado a celebrar el décimo aniversario de la revista. En él se incluyó el ya citado editorial "Diez años en *Orígenes*. Advertencia," donde se aclaró la salida de José Rodríguez Feo de la revista "por su propia decisión" y con carácter irrevocable. Cuantitativamente, además, el de Lezama fue más extenso, e incluyó nombres habituales en la revista como Manuel Altolaguirre con sus "Poemas para *Orígenes*," Nivaria Tejera, Fernández Retamar, Vitier, Pedro de Oráa, entre otros.[12]

---

[12] Los trabajos incluidos en el *Orígenes* 35, de 1954, dirigido por Lezama, fueron: Eugenio Florit, "El otro ardor" (3-4); Manuel Altolaguirre, "Poemas para Orígenes" (5-6); Eliseo Diego, "Avisos", (7-9); Roberto Fernández Retamar, "Toco tus bordes" (10-14); Fina García Marruz, "Visitaciones" (15-20); Ángel

El último número de *Orígenes*, dirigido por Feo correspondió al 36 de 1954. Incluyó el poema "La Desolada," de Gabriela Mistral y los fragmentos de la novela de Carpentier, "El Acoso." Los colaboradores primerizos en este número fueron Roberto Ruiz, con su cuento "Mapas"; Luis Marré, con "Poemas" (del I al IV); René Char, también con un grupo de obras líricas reunidas bajo el título de "Poemas," traducidos todos por Rodríguez Feo; y Caroline Gordon, con su ensayo titulado "Lecturas," donde partía de la obra *Arte y Escolastismo*, de Jacques Maritain para analizar la presencia de rasgos del cristianismo en autores como Flaubert, Freud, Jung, Faulkner.

De todos ellos, solo Luis Marré se volvió después asiduo colaborador de *Ciclón*. Según Pérez León, Marré consideraba su acercamiento a la nueva revista como una casualidad, porque "Fayad Jamís le llevó a Rodríguez Feo un grupo de mis poemas y en ese momento vino la pelea. Pepe se quedó con ellos y los publicó en el *Orígenes* apócrifo, el que él sacó a espaldas de Lezama" (119). No escapa la ironía contenida en esta frase, que demuestra que hasta los propios colaboradores de Rodríguez Feo consideraron después sus revistas como las apócrifas. Pero, para hacer honor a la verdad, la confusión con el destino de los textos de los colaboradores también fue un lugar común en la concepción de *Ciclón*, porque en mayo de 1954, Alfonso Reyes había enviado a Rodríguez Feo el poema "Los caballos" para que apareciera en algún número de *Orígenes*. Pero este terminó sien-

---

Gaztelu, "Voz en desierto" (21-23); Lorenzo García Vega, "Mirada de las cosas" (24-26); Fayad Jamís, "Claro reino", (27-29); José Lezama Lima, "Para llegar a Montego Bay" (30-38); Fausto Masó, "La llave" (39-40); Pedro de Oraá, "A lo menos", (41-42); Octavio Smith, "Azar de diálogos" (43-47), Nivaria Tejera, "El barranco" (48-53); Cintio Vitier, "Palimpsesto" (54-55); y en la sección Notas: Roberto Fernández Retamar, "Vísperas" (56-60); "Dos notas sobre Analecta del reloj, de José Lezama Lima" (61-64); "Diez años en Orígenes. Advertencia" (65-66) y "Homenaje a Arthur Rimbaud", trad. Cintio Vitier (67-94). El número tuvo, en total, 96 páginas, contando las de índices y publicidad, en comparación con las 48 que logró juntar Rodríguez Feo para su *Orígenes* 35.

do publicado en el segundo número de *Ciclón* de 1955 (7-10), y, a la larga, se convirtió en una de las dos únicas obras de mexicanos aparecidas en la nueva revista. El otro fue "Repaso nocturno," de Octavio Paz (núm. 2, 1957:3-4).

Los otros colaboradores de este número 36 de *Orígenes* dirigido por Feo fueron Wystan Hugh Auden, con su poema "La Isla del Placer" (24-26), traducido por Niso Malaret; y el propio Malaret con su cuento "Cristo visita a Marta" (27-38). El último texto de este número es una convocatoria al "Primer concurso literario de *Orígenes*" (67), en los apartados de poesía, cuento y ensayo literario. La nota la firma "El Director," no "El Editor" o "Los editores" como solía emplearse en *Orígenes*, pero tampoco el "Redactor" o el "Administrador," como se declara Feo en el crédito de contraportada. Como "El Director" seguirá firmando después sus editoriales en *Ciclón*. Esta pequeña convocatoria es sumamente importante en el destino de Rodríguez Feo, porque parece haber sido la principal puerta de entrada del grupo ciclónico a su vida. Quienes respondieron a la convocatoria de su *Orígenes* se encontraron, en su momento, con las páginas de *Ciclón*.

En este caso, el número 36 de *Orígenes* dirigido por Lezama tuvo 60 páginas, siete menos que el de Feo y contó también con una menor cantidad de colaboraciones. En la edición lezamiana, sin embargo, publicaron textos autores cubanos más reconocidos entonces como Emilio Ballagas, Lydia Cabrera, José María Valverde, Samuel Feijóo, José Barbeito y Aldo Menéndez. Tuvo ilustración de portada de José María Mijares. La lista muestra lo desamparado que quedó Lezama después de la salida de Rodríguez Feo, no solo económicamente, sino de colaboradores extranjeros, cuyo contacto con la revista se produjo siempre mediante el "otro" director. Pero también confirma su posición en el mundo intelectual cubano.

Si se comparan los *Orígenes* dirigidos por Rodríguez Feo con *Ciclón* puede decirse que tienen en común un mayor interés por publicar narrativa y ensayo. Compartieron mucha menos poesía, un género que distinguió el quehacer origenista, y excepto en "Canción para Nuestra Señora de la Caridad del Cobre," de Merton, no apareció ninguna otra alusión religiosa. Como los primeros números de *Ciclón*, estos de *Orígenes* poseen cierta dispersión temática y una pluralidad estética que se tradujo luego en una consciente libertad experimental. Es clara la ausencia de un espíritu de grupo o incluso de la búsqueda previa de un nuevo concepto editorial en los números de Feo. La diferencia principal de estos *Orígenes* con sus antecesores radica, por supuesto, en la ausencia de textos de Lezama y sus más cercanos colaboradores. Mientras su principal diferencia con *Ciclón* es que estos *Orígenes* no tienen un explícito carácter antiorigenista, no expresan una crítica al grupo que quedó "del otro lado" del desgajamiento. Tampoco se sedimentaba aún un claro carácter antilezamiano, éste probablemente fue uno de los primeros aportes que el espíritu Piñera hizo al nuevo proyecto editorial.

Un análisis comparativo de estos dos números dobles de *Orígenes* confirma que sus ediciones fueron posible porque, aunque Lezama fue la figura poética más destacada del grupo, Rodríguez Feo fungió como el aglutinador de un importante sector de la intelectualidad reunida en la revista. Se sabe, por la correspondencia entre ambos, que muchas veces aparecían textos en *Orígenes* que, sin ser bienvenidos del todo por Lezama, representaban un espaldarazo a la importancia de la publicación, por traer a ella firmas de mucho prestigio.

Cuando la ruptura entre Rodríguez Feo y Lezama se hizo realidad, cuando el poeta perdió el amparo económico que brindaba su par en *Orígenes*, todavía tuvo el valor de negarse a aceptar la sospechosa ayuda económica que llegó de parte del gobierno de Batista, y en definitiva apeló al bolsillo de sus colaboradores y amigos para continuar una empresa que él mismo, por sus experiencias como hacedor de revistas en décadas anteriores, conocía imposible sin un verdadero sustento material. Por su parte, Rodríguez Feo destinó toda su furia ante la pérdida, y todo el dinero de su familia azucarera, a moldear un nuevo proyecto. Todo se conjugó para que, en febrero de 1955, el primer número de *Ciclón* estuviera circulando por las calles de La Habana, Santiago de Chile, España y Buenos Aires y cambiando, para siempre, la historia intelectual de Cuba.

EL 1516 DE LA CALLE 23

El número 36 de *Orígenes*, el último dirigido por Rodríguez Feo, cerró sus páginas con la convocatoria al "Primer concurso literario," el único que lanzó la revista en todos sus años de existencia. Los escritores cubanos fueron así llamados a participar en los apartados de poesía, cuento y ensayo literario. En Cuba, un refrán popular asegura que "nadie sabe para quién trabaja." Así que, aunque esta convocatoria fue la última de todas las acciones de Feo en *Orígenes*, se convirtió, en realidad, en su primer gesto de fundación de la nueva revista *Ciclón*.

Un joven de 18 años había entrado en la Librería Martí, en La Habana Vieja para comprar "la revista de Lezama." Adquirió, casualmente, el número 36 dirigido por Rodríguez Feo. Leyó la convocatoria en la última página, y salió del antiguo caserón dispuesto a participar. Envió un extenso ensayo sobre Rimbaud a la dirección de la Redacción: Calle 23, número 1516 esquina a 26, en el Vedado. A los pocos días recibió una llamada telefónica. Era la voz de Rodríguez Feo, desde entonces una figura medio mítica entre los artistas cubanos, por el extendido mecenazgo en la plástica y la literatura. Pepe lo estaba invitando al edificio de 23 y 26, donde vivía, para hablar sobre el ensayo.

El concurso de literatura cerraba su convocatoria el 31 de diciembre de 1954. Por eso aquel joven recuerda con exactitud cómo, pocos días antes de que terminara el año, entró por primera vez al imponente *penthouse* del edificio habanero, y desanduvo un pasillo que cambió su vida. El protagonista de la anécdota es el hoy Premio Nacional de Literatura cubana Antón Arrufat. Quien asegura que a su llegada a casa de Rodríguez Feo descubrió que en la reunión a la que lo habían convocado también participarían Guillermo Cabrera Infante, Roberto Branly, Luis Lastra y Luis Marré (Pérez León 92-93). Su historia parece ser el testimonio del primer encuentro de quienes conformaron después la plantilla de colaboradores habituales de *Ciclón*.

Arrufat ha asegurado que Piñera no estaba en casa de Rodríguez Feo ese día. Pero lo cierto es que, cuando se produjo este encuentro de los colaboradores más jóvenes, algún día no precisado de diciembre de 1954, hacía meses que Piñera y Feo habían comenzado a dialogar sobre el nuevo proyecto. Desde mayo, el autor de *Electra Garrigó* había regresado a Cuba después de su segunda estancia en Buenos Aires. Pronto los dos creadores entraron en contacto. Se conocían personalmente desde los años 40, probablemente 1948, cuando los presentaron durante el estreno de la *Electra Garrigó*, dirigida por Francisco Morín. En el ensayo "Virgilio Piñera, cuentista," Rodríguez Feo recreó cuánto le impresionó, aquella primera vez, el aspecto fantasmal del escritor, su rostro pálido y enfermizo, ojos de mirar inquieto, atentos a cualquier posible ataque. Pero ciertas formas rudas que el dramaturgo solía usar hacia conocidos y desconocidos los mantuvieron distantes durante mucho tiempo (107). Las historias sobre el carácter teatral y polémico de Virgilio acompañan su figura hasta el presente.

En perspectiva, y al repasar detalles de sus polémicas durante los años cuarenta, parece que el acercamiento decisivo entre ambos se produjo por varios motivos. Piñera era el único escritor, cercano en edad a Rodríguez Feo, que se había enfrentado abiertamente a Lezama Lima, en todos los ámbitos posibles, desde el personal hasta el literario. Si el enfrentamiento verbal y físico con el autor de *Paradiso* fuera poco, Piñera había escrito su antilezamiano poema "La Isla en peso" en 1943 y había dejado de publicar definitivamente en *Orígenes* desde 1949. Además, se encontraba en Argentina cuando se sucedieron las peleas finales entre los dos directores de la publicación, por lo que, en ningún momento, debe haber tomado partido público entre alguno de los bandos.

Piñera y Rodríguez Feo compartían además una amistad cercana con el pintor Mariano Rodríguez. El primero invitó a Mariano a participar en una fracasada exposición de pintura en Argentina, planificada para junio de 1946. Al principio habían intercambiado correspondencia vía Lezama. Piñera enviaba a Trocadero los mensajes que necesitaba hacer llegar al pintor (*De vuelta y vuelta* 74-75). Pero pronto comenzó a escribir directamente a Mariano Rodríguez, una comunicación que pudo haberlos aproximado. Por su lado, Feo conocía al pintor desde 1944. Los había presentado Camila Henríquez Ureña, por recomendación de su hermano Pedro. La figura del pintor Mariano Rodríguez fue de trascendental relevancia en la historia de *Ciclón*. Numerosos testimonios indican que fue él quien convenció a Piñera y a Rodríguez Feo de colaborar. Fue también el diseñador de la revista y el creador de su imagen, aunque prefirió el anonimato para evitar un altercado con su viejo amigo Lezama. Por eso, la nueva revista, a diferencia de su predecesora, no presentó nunca crédito por su diseño.

Ciclón no tuvo portadas dinámicas como *Orígenes*, sino que mantuvo las líneas básicas. La imagen creada por Mariano Rodríguez acompañó todos los números, otorgándole una identidad muy sólida. Si *Orígenes* halló su representación gráfica (logotípica) en el uso de la misma tipografía en el título, *Ciclón* la encontró en la reiteración de los trazos aparentemente simples del dios Eolo concebido por Mariano. La figura quedó eternizada por el dibujante en el momento en que arroja múltiples fechas sobre un vértice que a ella misma otorga sensación de movimiento. En el diseño variaron los colores de las portadas. La de su primer número fue amarilla, otras fueron azules, blancas, llegaron a emplear el negro, siempre en tonos mate. Para Mariano esta versatilidad era sintomática de la comodidad con que se trabajaba, porque la revista se hacía con más libertad que *Orígenes* (*Tiempo de Ciclón* 81).

El dinamismo elogiado en la concepción de *Ciclón* se materializó desde los inicios de la publicación. A sus páginas llegaron, invitados a colaborar, tanto autores clásicos como Dámaso Alonso como otros totalmente desconocidos en esas fechas, dígase Antón Arrufat o Severo Sarduy. La confluencia de figuras diversas, bajo la égida de Rodríguez Feo y de Piñera, tuvo como consecuencia que *Ciclón* nunca fuera una revista de grupo. Sus dinámicas de trabajo se distanciaron de las de ese tipo de publicación. Pero tampoco fue una revista de autor, sino que se articuló desde resortes particulares, relacionados con los intereses literarios de sus colaboradores, pero también de sus afinidades sexuales y literarias.

El crítico de arte cubano Guy Pérez Cisneros aseguraba que "pertenecer a una generación no es tener una edad, es asumir una actitud. Pero no basta la voluntad para formar una generación y una actitud formada resulta más peligrosa que constructiva" (99). En este sentido, *Ciclón* tampoco fue una revista generacional. Sus colaboradores habituales como Cabrera Infante, Piñera, Sarduy compartieron una actitud revolucionaria, una extrema actitud revolucionaria ante todo suceso literario, social y político; pero jamás la necesidad de convertirse en un grupo, y, para esa fecha, tampoco el interés de ser reconocidos como parte de una generación. Sus intereses dotaron a la revista de discursos a veces opuestos, la convirtieron en un espacio de debate autónomo. Algunos de estos elementos explican a su vez la atracción que aún ejerce *Ciclón* sobre lectores del convulso siglo XXI.

La configuración de *Ciclón* como una revista con características de un proyecto al que podríamos calificar como queer comenzó mucho antes de su primer número. Por ejemplo, en la última edición de *Orígenes* dirigida por Feo se anunció "de próxima publicación" una lista de 17 textos. De ellos aparecieron tres en el primer número de *Ciclón*: el poema "A un río le llamaban Carlos" (1-3), de Dámaso Alonso; el ensayo de Jean Cassou, "El lirismo ontológico de Jorge Guillén" (16-21), y de Emilio Prados, los versos de "Fuente interior" (25). Otros nueve fueron incluidos en números sucesivos y los restantes cinco quedaron a merced de Feo, sin ser publicados en la revista.[13] O sea, una impor-

---

[13] Sin ser publicados en *Ciclón* quedaron los textos anunciados en *Orígenes* como "El arte sagrado de Claudel," de Wallace Fowlie; "Poemas," de Pedro de Oráa; "Italia: Un cuento fabuloso," de Renato Poggioli; "La hija de Yago," de Blas de Otero y "El sentimiento de la naturaleza en la Edad Media," de Joaquín Casalduero. Se anuncian además un "Poemas," de Fayad Jamís, que sí aparecieron en *Ciclón* con el nombre de "La pedrada." De Blas de Otero se publicó "En el principio," en "Cuatro poetas españoles," vol. 2, núm. 1, 1956, 29. La divergencia en

tante zona literaria de *Ciclón*, sobre todo relacionada con las colaboraciones internacionales, fue concebida en realidad desde *Orígenes*, mientras su visión sobre sexualidad, ciudad y literatura nacía más de su mirada nacional que de estas colaboraciones internacionales.

Para comprender este proceso, resulta más iluminador analizar algunos de los textos que fueron agregados al primer número de *Ciclón*, y que, hasta ese momento, parecen no estar entre los materiales en poder de Rodríguez Feo. Es en estos textos que llegaron a sus manos cuando *Ciclón* estaba gestándose como proyecto, donde pueden encontrarse mejor perfiladas nuevas intenciones. Se trata del editorial "Borrón y cuenta nueva;" el cuento de Virgilio Piñera, "El gran Baro" (4-8); el ensayo de Ernesto Sábato, "Sobre al arte abstracto en nuestro tiempo" (9-15); la traducción de "Las 120 jornadas de Sodoma" (36-41), del Marqués de Sade y la reseña del propio Feo sobre la novela piñeriana *La carne de René*, titulada "Una alegoría de la carne" (43). En el primero número fueron incluidas además diferentes creaciones de Humberto Rodríguez Tomeu, Tiggie Ghika, Luis Lastra, Francisco Ayala, Fayad Jamís, entre otros. Pero las mencionadas por sus títulos son los que mejor muestran también la impronta de Piñera en la nueva revista, y cómo *Ciclón* apostó por un "movimiento" que no había tenido su predecesora.

Algunos críticos del período, como José Antonio Portuondo y Mariano Rodríguez, fueron más lejos al afirmar que Virgilio no solo trajo

---

estos títulos permite suponer que algunos de los textos anunciados de próxima publicación no estaban en manos de Feo, aunque ya habían sido pedidos a sus autores. Entre los que se anunciaron y sí aparecieron en la revista están: Alfonso Reyes, "Los caballos," vol. 1, núm. 2, 1955, 7-10; Fayad Jamís, "La Pedrada," vol. 1, núm. 3, 1955, 4-8; Harry Levin, "La puerta de marfil," trad. J[osé] Rodríguez Feo, vol. 1, núm. 4, 1955, 15-23; Corrado Álvaro, "La crisis del héroe," trad. N[iso] Malaret, vol. 1, núm. 4, 1955, 32-36; S. Serrano Poncela, "Habitación para hombre solo," vol. 1, núm. 5, 1955, 30-35; Nivaria Tejera, "Algo se ha roto," "Bajo el tapital," "Ayer estancia," "Desfile," "Invierno," "Cada noche," vol. 1, núm. 6, 1955, 63-65; Bernardo Clariana, "La noche de los negros," vol. 2, núm. 3, 1956, 21-22; Lionel Trilling, "Arte y neurosis," trad. José Rodríguez Feo, vol. 2, núm. 5, 1956, 20-32.

nuevos autores y temas al proyecto, sino que fue el alma de la nueva publicación (*Tiempo de Ciclón* 88). La reiteración histórica de este tipo de posturas debe haber provocado que el director de *Ciclón* sintiera cierto temor de ser eclipsado, una vez más, por la sombra del "otro," por una figura más atrayente para la crítica en la historia de sus propios proyectos. Esto pudo haber influido para que, después de la muerte de Piñera en 1979, en varias oportunidades Rodríguez Feo tratara de simplificar la participación que el autor de *Electra Garrigó* había tenido en el proyecto:

> Cuando yo andaba en los preparativos para publicar mi revista *Ciclón* (1955-1957, 1959), le pedí que me enviara materiales de sus colegas argentinos desde Buenos Aires, donde trabajaba en la embajada de Cuba. El exilio de Piñera en la Argentina fue como el de tantos cubanos que antes de la Revolución se vieron forzados a abandonar la patria en busca de mejores oportunidades económicas.
>
> Aunque Piñera era por entonces un desconocido en su país —sus libros apenas eran leídos fuera de un pequeño grupo de amigos y admiradores— en Buenos Aires pronto se granjeó la admiración entre otros, de escritores como Jorge Luis Borges, José Bianco, Ernesto Sábato, Adolfo Bioy Casares, Silvina Ocampo, Miguel Ángel Asturias y el polaco Witold Gombrowicz. ("Virgilio Piñera, cuentista" 112)

En otras oportunidades sí reconoció, sin embargo, que el trabajo de Piñera fue tan importante que, a partir del número 4 de 1955, lo designó como secretario editorial de la revista. En momentos como esos agradeció a Piñera —y a las colaboraciones que obtuvo en Argentina— el prestigio inmediato de *Ciclón*. Es sabido que Feo no sólo puso el dinero para hacer el proyecto. Él lo concibió, le dio vida, la convirtió en un espacio vivo y cambiante. Las decisiones sobre el diseño de sus páginas —aunque Mariano las atribuyó a Piñera— siempre las tomó Rodríguez Feo. A su cargo estuvo el orden interior de los números, así como la coordinación de la mayoría de las colaboraciones provenientes de Europa y recuperadas en Cuba. Rodríguez Feo fue también el principal animador de los jóvenes que se nuclearon alrededor de *Ciclón*, les exigió trabajos, les sugirió temas, acordó con ellos fechas de entrega para algunas colaboraciones.

Piñera jugó su papel como el espíritu irreverente, propuso acercamientos radicales a determinadas ideas, promovió la publicación de autores como Sade, Gombrowicz y otros, que se salían del canon más reconocido a nivel nacional. Gestionó valiosísimas colaboraciones, como las de Jorge Luis Borges, presentó proyectos de traducción, contribuyó desde el principio con que la revista tuviera una distribución efectiva fuera del país, especialmente en Argentina. Pero respetó siempre su rol como Secretario de Redacción, tal como evidencian los fragmentos de su correspondencia que se conocen, en especial la que intercambió con Rodríguez Feo y Witold Gombrowicz.

Lo que pasó fue que Piñera y Rodríguez Feo se convirtieron en un gran equipo, capaz de unir nuevas voces literarias con las de autores consagrados, abiertos a la experimentación y con una forma de ver la vida y la sexualidad muy alejada del catolicismo lezamiano. Juntos caminaron, a finales de enero de 1955, hasta el número 205 de la calle Empedrado, donde tenía su sede la imprenta de Vega y Cía, para recoger los primeros ejemplares de *Ciclón* (*De vuelta y vuelta* 145). La revista apareció con el título completo de *Ciclón. Revista literaria*, en formato de 17 por 24 centímetros. Ubicó su Redacción en la casa de Rodríguez Feo, otra vez el número 1516 de la calle 23. La suscripción anual se fijó en 2 dólares. La tirada de 600 ejemplares, de 45 páginas cada uno, tuvo un precio en imprenta de 340 dólares aproximadamente. Muchos de estos datos no han sido presentados antes. Se deducen aquí de la observación detallada de la revista, y de una carta que Rodríguez Feo mandó a Piñera en abril de 1956, cuando cambiaron de imprenta, de Vega y Cía a Muxó, y el director informó sobre los nuevos precios del tiraje, comparándolo con los anteriores.

En el número 2 de 1955, la suscripción anual se elevó a 3 dólares, el precio por número suelto se ubicó en los 0.50 centavos y se incluyó la primera publicidad en la última página de la publicación. La mitad de esta página estuvo destinada a promover el trabajo de la Galería Cubana, ubicada en la intersección habanera de Calzada y 10. La otra mitad se dedicó a publicitar la revista puertorriqueña *Asomante*, dirigida por Nilita Vientos. De manera general, *Ciclón* fue conservador en el manejo de cualquier publicidad. Sus vientos anhelaban arrasar con otras convenciones y, sobre todo, tenían la ventaja de contar con un dinero que provenía de otras fuentes más terrenales.

EL ARMA SECRETA

El sábado 1ro de enero de 1955, Cuba amaneció con la confusa noticia de que se había formado un ciclón tropical en el Caribe. Estaba fuera de temporada, así que los expertos, escépticos, se dividieron para aceptar o negar la autenticidad del fenómeno. El *Diario de la Marina* del 4 de enero de 1955 ya anunciaba en su portada: "Pierde intensidad el ciclón Alice; adéntrase en el Caribe." Nadie ha especulado hasta ahora sobre la posibilidad de que la tempestad, nombrada Alice, haya incidido en el nombre que Rodríguez Feo eligió para su nueva revista. Aunque si para cuando Alice se formó ya *Ciclón* estaba en imprenta, como es probable, entonces puede decirse que 1955 fue definitivamente el año que rompió los barómetros en Cuba, los figurados y los literarios. Ni Feo ni Piñera explicaron nunca por qué seleccionaron un nombre tan sencillo, sonoro y tropical. Pero sí dejaron temprano testimonio de cómo su elección marcaría el rumbo editorial y literario del proyecto. En el primer número de *Ciclón*, publicado en enero de 1955, apareció el editorial "Borrón y cuenta nueva."

> Lector he aquí a *Ciclón*, la nueva revista. Con él borramos a *Orígenes* de un golpe. A *Orígenes* que como todo el mundo sabe tras diez años de eficientes servicios a la cultura en Cuba, es actualmente sólo peso muerto. Quede, pues sentado de entrada que *Ciclón* borra a *Orígenes* de un golpe. En cuanto al grupo Orígenes, no hay que repetirlo, hace tiempo que, al igual de los hijos de Saturno, fue devorado por su propio padre.

Este primer editorial de *Ciclón* se publicó en un pliego sin numeración, impreso en hojas amarillas que contrastaban con el blanco del resto de la edición. Se montó entre las páginas centrales, engrapado con idéntico sistema que todo el número; pero interrumpiendo el poema "Eurídice," de Edith Sitwell (22-24). El artículo apareció sin firma y escrito en tercera persona. Desplegaba preguntas como "¿Qué ha pasado? —se preguntará el simpático lector. — ¿Es que acaba de declararse un estado de guerra?" A las cuales respondía entre la ironía y la crítica: "No, amable lector. La guerra ya se había declarado hace algún tiempo: hemos guerreado y la hemos ganado. Te confesamos que ha sido una guerra corta, casi un paseo militar. ¿Cómo podíamos no ganarla si disponíamos de un arma secreta: *Ciclón*, la nueva revista?" Según "Borrón y cuenta nueva," la victoria fue fácil porque "en el momento en que el enemigo creíase [*sic*] más seguro, *dejamos* caer 'nuestra bomba,' que tanto como lo ves, borra a *Orígenes* de un golpe."

Los elementos formales alrededor de este artículo hacen pensar en dos posibilidades: que Rodríguez Feo decidió incluirlo a última hora, o que quiso llamar la atención sobre su contenido. Me inclino más por la segunda posibilidad, debido a que el siguiente editorial fue publicado con el mismo sistema, o sea, engrapado al centro y sin explicitar enumeración consecutiva. Fue en "Borrón y cuenta nueva" donde apareció por primera vez la versión pública de Rodríguez Feo sobre su desacuerdo con Lezama Lima, después de la publicación de "Crítica paralela" en *Orígenes*.

Es bueno recordar que Vicente Aleixandre había insistido en que no se incluyeran aclaraciones sobre la ruptura en los números de *Orígenes* que dirigió sólo Rodríguez Feo en 1954. Pero ante la emergencia de un nuevo proyecto, ¿qué compromiso impedía al director brindar detalles de su versión de los hechos, hacer un balance general de su historia editorial? Sobre todo, después de que sintió que *Orígenes* le había sido arrebatada dos veces, como muestra este fragmento del editorial:

Si se dice que Lezama estaba en el sagrado deber de proseguir la publicación de *Orígenes*, también deberá decirse que Rodríguez Feo estaba en ese mismo deber. Claro, que la situación era la de un nudo gordiano, y ya se sabe cómo se cortan tales nudos. Él lo cortó de un tajo. Sacó, para decir la misma frase de los superficiales, "su *Orígenes*." ¡El *Orígenes* de Rodríguez Feo! Los que tal decían, burlona y sarcásticamente, no sospechaban ni por asomo que en este *Orígenes* de Rodríguez Feo estuviese el germen naciente de *Ciclón.*

Feo se adjudicó la autoría de "Borrón y cuenta nueva." Aunque al respecto surgieron varias posturas encontradas. Antón Arrufat, por ejemplo, asegura en un testimonio recogido en *Tiempos de Ciclón*, que los juegos verbales y expresiones del artículo tienen toda la traza de Piñera (94). Mientras Roberto Pérez León contra argumenta, en el mismo ensayo que "encontrar un texto con ciertos signos empleados por Piñera y automáticamente atribuírselos, es identificar los textos sólo por el mero gesto de escribir" (26). A pesar de estos criterios, me inclino por una tercera posibilidad: que el editorial nació de una escritura colaborativa entre ambos autores.

La escritura colaborativa es posible en este caso primero, porque "Borrón y cuenta nueva" fue escrito en tercera persona, una persona gramatical que Rodríguez Feo no empleó en ninguno de sus más conocidos ensayos, la mayoría reunidos en *Notas críticas* (1962). Al contrario, influenciado probablemente por los realistas realistas españoles, Feo usualmente mostró sin complejos su relación humana y personal con los textos o autores que mencionaba, como en el Prólogo a la *Selección de ensayos*, de Pedro Henríquez Ureña. Segundo, el artículo no apareció firmado por alguien en específico y, de hecho, la tercera persona de la enunciación alude a más de un creador de *Ciclón* ("borramos", "disponíamos"). Tercero, en 1946, Piñera se sumó en Buenos Aires al grupo de escritores que traducían la novela *Ferdydurke*, de Witold Gombrowicz. El proyecto fue colaborativo. En ese período escribió, en un mano a mano con Gombrowicz, dos boletines humorísticos contra el grupo de *Sur*, titulados *Aurora* y *Victrola*. Todo indica que, en medio de esa colaboración, encontró cierto encanto en la escritura grupal.[14] Cuarto, en "Borrón y cuenta nueva" no aparecen solo "signos" empleados por Piñera en su escritura, sino, como bien afirmó Arrufat, también modos, temas, fórmulas lingüísticas y preocupaciones exactas sobre el destino de la literatura, idénticas a las que Piñera expresó antes y después de la década de 1950. Por ejemplo, el editorial de *Ciclón* aseguró que el conflicto que provocó la ruptura entre Rodríguez Feo y Lezama no fue sólo la publicación de "Crítica paralela" de Juan Ramón Jiménez, sino también la esterilidad que sufría *Orígenes*:

> ¿Cómo salir del callejón sin salida? La solución fue dada por el mismísimo *Orígenes* tradicional. Parecerá increíble que una revista que busca empeñosamente silenciar a su antagonista, le proporcionara una salida victoriosa.
>
> Ello fue posible en virtud de esa trampa cultural que nace de las revistas en decadencia y que ellas mismas se tienden para ocultar su propio vacío. Es axiomático que cuando una revista literaria ha recorrido la trayectoria que se trazara, el resto del movimiento (si dicha revista insiste en continuar sobre el tapete) será pura inercia. Esa revista, estéril para nuevos nacimientos, ciega para tomar lo valioso y desdeñar lo superfluo, no tiene otra salida que la de su trampa cultural.

---

[14] El proceso de traducción siguió, a diario, una misma fórmula. Gombrowicz vertía fragmentos de la novela al español, a pesar de su escaso conocimiento del idioma. Llevaba sus progresos al Café Rex, donde sus amigos argentinos los comentaban. Este sistema derivó en una reescritura de la obra, que el propio autor reconoció en 1947, en su prólogo a la primera edición en castellano (Gombrowicz, W. *Ferdydurke*, pról. Ernesto Sabato, trad. el autor y comité de colaboración, Seix Barral, Barcelona, 2001). Sobre *Aurora* y *Victrola* véase González, Reynaldo. "*Aurora* y *Victrola* dos juguetes literarios de Virgilio Piñera y Witold Gombrowicz." *La Gaceta de Cuba*, núm. 5, 1987, 2-5.

El 19 de mayo de 1944, cuando salió el primer número de *Orígenes*, Piñera había escrito una carta a Lezama felicitándolo por el proyecto. Pero entonces advirtió: "*Orígenes* tiene que superar ese delicuescente marbete de *morceaus choisis* con que se adornan las culturas cuando, habiendo cumplido su fase dinámica, entran a esa elegante pero estéril postura de la momia" y agregó que toda estrategia literaria que funcionara con *Espuela de Plata* "hoy sería letra muerta." Entonces convidaba además a Lezama a "evitar con suma inteligencia, con clara realidad que los sucesivos números de *Orígenes* sean lo que su primero es, esto es, un ponente estatismo que nada sostiene" (62). No es coincidencia que *Ciclón*, en el momento de su nacimiento, haya querido borrar a precisamente a aquel *Orígenes* "peso muerto," estático y momificado sobre el que Piñera había advertido a Lezama en una carta personal escrita once años antes. La historia de *Ciclón* no se demerita por suponer que "Borrón y cuenta nueva" fue escrito por las manos de los dos principales artífices de la revista. Al contrario, esta idea es coherente con el carácter colaborativo que prevaleció en el proyecto, en contraste con la visión pedagógica de Lezama como líder de *Orígenes*.

La comparación entre las dos revistas fue inevitable para quienes estuvieron implicados en la fundación de la segunda, como es inevitable para quienes hemos llegado tantos años después a su historia. Ambas nacieron de la misma tradición literaria y compartieron contextos políticos en ebullición. En este sentido, tampoco se puede pasar por alto el lenguaje beligerante de "Borrón y cuenta nueva." Cuba era un país al borde de la guerra civil en 1955, con movimientos políticos de oposición al gobierno de Batista, que habían desembocado en fuertes acciones militares, como los ataques a los Cuarteles Moncada y Carlos Manuel de Céspedes, el 26 de julio de 1953. Los amigos comunes de Lezama y de Rodríguez Feo estaban también viviendo su guerra, al intentar no tomar bandos o tomándolos a su propio riesgo.

Las conexiones, de continuidad y ruptura, de aprendizaje y crítica, eran demasiado numerosas para que *Ciclón* creyera realmente que podría borrar a su antecesora. Como mencioné párrafos antes, inclu-so tres textos incluidos en el primer número habían sido recibidos originalmente para *Orígenes* y, otros catorce, con idéntica historia, fueron publicados en números sucesivos. Aunque ¿no hay acaso cier-ta continuidad en el hecho de que mencionaran con tanto ahínco a *Orígenes*, ya fuera desde la crítica o la negación? De hecho, algunos años después de que fundaron la nueva revista, fue Piñera quien es-bozó por primera vez esta idea en su artículo "Exhortación a Rodrí-guez Feo" (1959), matizando la absoluta negación a la que habían aspirado:

> Se ha dicho que Pepe, con esta nueva fundación, iba con-tra *Orígenes* y contra Lezama; se ha dicho igualmente que *Ciclón* era tan sólo el resultado, el efecto de un resentimien-to, y por último, se dijo también que la soberbia de Pepe no reconocía límites. Aunque todo ello sea, en parte, verdad y mentira (estas antítesis son muy frecuentes en la vida), ¿qué importancia puede tener si con la salida de *Ciclón* seguía asegurándose esa continuidad de que hablaba al principio de esta Nota? (2)

Virgilio se refería a la continuidad de las revistas de intelectuales en Cuba. Su visión tiene sentido como parte de esas antítesis frecuen-tes de las que él mismo habla. *Ciclón* pudo nacer como un proyecto independiente, como una revista literaria sin contendientes; pero sus hacedores decidieron hacerla disidente desde el primer número, con-vertirla en el giro, la ventolera, en la salida al "callejón" intelectual que construyó *Orígenes*. En el fondo, sabían que, en este gesto de nega-ción estética, estaban construyendo simbólicamente una capacidad de oposición que no todas las revistas hechas en Cuba podrían ofre-cer ante un proyecto de la magnitud de *Orígenes*. En "Borrón y cuenta nueva" esto queda esbozado de alguna manera: "sabe *Ciclón* cuanto debe a *Orígenes*. Nada menos que le debe su aparición. Para que fuese una necesidad borrar de un plumazo a un *Orígenes* anémico, primero tuvo que existir un *Orígenes* sanguíneo."

A pesar de su título, cuando se hace una lectura cuidadosa del editorial, puede afirmarse que sí presentó a *Ciclón* como parte del devenir histórico de la literatura cubana, que venía consolidándose, no exenta de polémicas, desde finales del siglo XIX. La negación que emplea el editorial para ubicarse en esta tradición ha sido un rasgo muy estudiado en la literatura piñeriana, y es sintomática de un cambio de perspectiva. En definitiva, la verdadera preocupación de la revista fue no dejar un vacío cultural —una idea que atormentó siempre a Piñera— en un panorama huérfano de iniciativas culturales de calidad: "No cometer el pecado de lesa literatura que es dejar a una joven generación que se 'fije' en una situación hecha. No conformar a los jóvenes a nuestra imagen y semejanza, sino provocarlos, espolearlos, hacerlos distintos a nosotros."

Este planteamiento sobre las intenciones de *Ciclón* conduce a dos ideas fundamentales en la reconstrucción de su historia. Reafirma el papel de Piñera en la conformación editorial de la revista, porque él también se preocupó sistemáticamente por crear espacios para jóvenes escritores, tal como lo probó después en su espacio "A partir de cero," aparecido en *Lunes de Revolución* a partir de 1960. Demuestra además que espolear y fomentar diferencias entre los nuevos creadores y los más reconocidos fue la principal ideología cultural de *Ciclón*. En su número 2 de 1955 apareció otro ensayo que amplió esta declaración de intenciones. Fue firmado, precisamente, por Piñera y se tituló "Cuba y la literatura" (51-55).

Sobre el origen de este texto y ciertas confusiones asociadas a su fecha de escritura escribí en páginas anteriores. Reiteraré aquí, por la relevancia de los datos, que es la versión final de un ensayo que Piñera escribió en 1950, cuando Jorge Luis Borges lo convidó a impartir una conferencia en la Sociedad Argentina de Escritores. Cuando Piñera envío a Rodríguez Feo la versión que debía aparecer en el segundo número de *Ciclón* suprimió todo lo referido a la literatura en Norteamérica e Hispanoamérica (*De vuelta y vuelta* 101). En "Cuba y la literatura" además reiteró la necesidad de promover una creación original entre los más jóvenes y declaró una total inconformidad con la política cultural promovida desde espacios oficiales, dos temas que se volverían puntas de lanza del discurso ciclónico.

Como la mayoría de las revistas de su tipo, *Ciclón* hizo uso dispar de las secciones en que se dividía. Estas aparecían y desaparecían, casi siempre según las necesidades de cada número. Dos secciones hicieron su entrada desde la primera edición: Revaluaciones y Barómetro. Sólo que, si la primera quiso dedicarla Rodríguez Feo a hablar de escritores clásicos, la segunda ocupó siempre las últimas páginas, con artículos de opinión. La característica que diferenció a Barómetro del resto de las secciones fue su mirada hacia temas de actualidad. Conservó su formato en todos los números, excepto en la última aparición de *Ciclón* en 1959, donde no se incluyó. En el número 1, Barómetro presentó la reseña de Rodríguez Feo sobre la novela *La carne de René*, de Piñera (43); una nota de Humberto Rodríguez sobre la puesta en escena de *Las criadas* (44) y un comentario de Fayad Jamís sobre una exposición de escultura de Agustín Cárdenas (44-45). Por este carácter más informativo de Barómetro, sobresale aún más la inclusión en sus páginas de "Cuba y la literatura." Aunque la inesperada ubicación del ensayo palidece ante la fuerza de sus argumentos, según afirma su propio autor:

> "Cuba y la literatura" es un título carente de brillantes, sin embargo, expresa exactamente la verdadera relación que existe entre mi país y la literatura.
>
> Relación puramente convencional: la expresión "literatura cubana" es usada por los profesores, aparece en los manuales, con el solo objeto de facilitar la exposición. Ahora bien, ese profesor repite aquí y allí dicha expresión sin pensar ni por un momento que está a mil leguas de la verdad. (51)

Según Piñera, en Cuba no existía "literatura cubana" no tanto por la carencia de escritores, como por la falta de reconocimiento de estos como grupo, por la falta de eventos culturales o de movimientos que fomentaran sus publicaciones. Su principal preocupación era la ausencia de una problematización sobre el hecho literario, y la consecuente aceptación de que escritor era todo aquel que se autonombrara como tal, sin importar la calidad de su obra. Esto se unía a la carencia de una tradición literaria de calidad reconocida, para dar como resultado lo que él asumía como un escenario desolador.

En el fondo de su postura había una oposición a la divulgación de ciertas obras de arte apegadas a la escritura tradicional, en detrimento de otras obras que consideraba novedosas. Para la fecha en que publicó "Cuba y la literatura," en el país se habían escrito novelas canónicas como *Las honradas* (1917), de Miguel de Carrión y *De Generales y Doctores* (1920), de Carlos Loveira; pero todas con marcado carácter costumbrista. Para Piñera, sin embargo, "una literatura en formación no recorre ningún trecho apreciable si en un momento determinado su lentitud no se ve alterada por una impresionante aceleración" (52). Exigía más irrupciones en su propia tradición.

Él entendía que Cuba estaba encasillada en una "discreta marcha tortugal," llevada hacia adelante por escritores "incoloros." Según Piñera, todo cuanto (no) acontecía en la historia literaria del país era parte de un contexto mayor, de un devenir cultural en el que América siempre asumía un rol demasiado pasivo, de alumna asombrada ante su antiguo conquistador: "Si Latinoamérica no impone un genio literario propio; si en materia literaria no hace algo diametralmente opuesto a lo de la vieja Europa, mucho me temo que su literatura resulta infinitamente más aburridora de lo que es en la actualidad" (52). En su ensayo, Piñera criticó otra vez que las fórmulas literarias se repitieran hasta el cansancio. Esta vez no de escuela en escuela, si no de país en país. Para él esta falta de originalidad era conveniente para quienes se decían escritores, pero no les interesaba en realidad expresarse artísticamente, ni construir un discurso crítico sobre algún aspecto de la sociedad, sino publicar libros. Debe tenerse en cuenta que esta preocupación que expresaba Piñera sobre la existencia del libro como objeto sin valor cultural está en el ambiente intelectual. En 1959, vio la luz la primera edición de la compilación de artículos de Maurice Blanchot, titulada *El libro que vendrá*. El volumen reunió algunos de los trabajos breves publicados por el francés, durante varios años, en revistas como *Critique* y la *Nouvelle Revue Française*. Allí Blanchot debatió sistemáticamente el término "libro" y su valor o falta de valor en la cultura. A partir de 1954, Foucault también comienza a enfocarse sistemáticamente en el papel del libro como espacio de tránsito del lenguaje, especialmente en sus conferencias.

Permeado precisamente por la vacuidad de los discursos críticos en diferentes expresiones y formatos intelectuales, Piñera aseguraba en "Cuba y la literatura" que la generación de la *Revista de Avance* había dejado a un lado su actitud rebelde del primer momento, para convertirse en un grupo de políticos, profesores y periodistas que escribían "pura arenga" (54). Criticó que los escritores que la sucedieron comenzaran a repetir las fórmulas vacías de su líder X y la preocupación por cómo escribir y no qué decir, una expresión que remite a sus críticas a Lezama y los lezamianos. El párrafo de cierre de "Cuba y la literatura" era una declaración de los objetivos que se trazaba *Ciclón* para cambiar ese rostro deprimido de las letras nacionales:

> La literatura cubana pasa por tal momento con el agravante de que a nuestra generación le ha tocado esa pauta en que se experimenta la necesidad de dar un paso al frente para eludir definitivamente la confusa postura del que acabando de despertar no sabe si sueña todavía o está de verdad frente a las cosas de este mundo. (55)

Si el editorial "Borrón y cuenta nueva" fue un recuento de los acontecimientos específicos que originaron el nacimiento de *Ciclón*, "Cuba y la literatura" fue la primera toma de partido real sobre el estado general de las letras cubanas. La nota que fabuló sobre el origen del texto para decir que había iniciado la Sociedad de Conferencias de la revista, aunque errática, le confirió al texto mayor relevancia, porque funcionó como un llamado de atención hacia su discurso.

Por los números que sucedieron, queda claro que el proyecto editorial de *Ciclón* asumió los planteamientos de "Cuba y la literatura" como su verdadera postura editorial, y trató de convertirse, desde ese momento, en el "paso al frente" reclamado por Piñera para que las nuevas generaciones rompieran el hielo del estatismo literario nacional. El cambio fue tangible. Si en el primer número de la revista aparecieron sobre todo autores de prestigio internacional como Dámaso Alonso, Jean Cassou, Emilio Prados, Francisco Ayala, e incluso el polémico Marqués de Sade, entre otros, en el segundo irrumpieron con fuerza los nombres de autores cubanos de muy diferentes orígenes e intereses estéticos como Guillermo Cabrera Infante, Ramón Ferreira, Ezequiel Vieta o Wifredo Lam. La ventolera estaba recién comenzando.

CONTRA LOS POETAS Y EL OFICIALISMO

En consonancia con el llamado a la transformación literaria, lanzado desde la publicación de "Cuba y la literatura," en el número 5 de *Ciclón* de 1955 se publicó el ensayo "Contra los poetas," del polaco Witold Gombrowicz. Piñera se lo envió a Rodríguez Feo presentándolo como "un tema difícil y polémico —dos cosas que le vienen al pelo para *Ciclón*." Pero sobre todo le advirtió que, aunque el ensayo parecía irreverente a primera vista, en realidad era "la fértil y eterna pelea por el engrandecimiento de la poesía y el arte en general." Para Piñera, incluir "Contra los poetas" en *Ciclón* era "un 'buen campanazo' para el decadente grupito de *Orígenes*" (*De vuelta y vuelta* 107).

El tono de Gombrowicz en el texto era ciertamente muy radical, útil para atacar a los origenistas, pero también a cualquiera que se tomara en serio su título de poeta. En realidad, es una crítica al provincianismo con que se asumía el rol de poeta, a pesar de la transformación del contexto internacional. Es probable que, por esos motivos, Rodríguez Feo no tomara al pie de la letra los consejos de Piñera. Fue cauteloso a la hora de publicar el ensayo. Virgilio le envió el original el 17 de marzo de 1955, por lo que debe haber llegado a tiempo para ser incluido en el número 2 de *Ciclón*, aparecido un mes después. Pero "Contra los poetas" se incluyó en el penúltimo número de 1955, correspondiente a septiembre (9-16).

Piñera llegó por primera vez a Buenos Aires en febrero de 1946, como becario de la Comisión Nacional de Cultura de la ciudad. Pocos días después, Adolfo de Obieta, hijo de Macedonio Fernández, le presentó a Gombrowicz, quien había llegado a Argentina desde 1939 en un viaje que debió durar dos semanas, pero se extendió por 24 años ante el estallido de la guerra y la invasión de su natal Polonia. En abril de 1946, el cubano contó a sus padres sobre una rutina que ya incluía la presencia del polaco: "Por la noche voy al teatro, o a una visita, o a la tertulia del Conde Gombrowicz, o no salgo (*De vuelta y vuelta* 71)." Esas "tertulias" de Gombrowicz en el Café Rex eran el proyecto multitudinario de traducción al castellano de su novela *Ferdydurke*.

Piñera nació en la provincia de Matanzas en 1912 y Gombrowicz en una ciudad llamada Małoszyce, en 1904. Pudiera poetizarse y decir que los acercó la contemporaneidad, más el amor por la literatura. Pero los dos probaron que su mayor interés hacia los otros radicaba en la contemplación o cercanía de la juventud, y que a sus mejores obras literarias llegarían desde la negación. Gombrowicz y Piñera compartieron una circunstancia más trascendental: permanecieron a consciencia en una Argentina "rica de ovejas" y aún sin demasiado abono para la literatura, porque en sus respectivos textos se reconocían prófugos de la realidad más cruel que habitaba sus países (Piñera, *idem* 85; Gombrowicz, *Diario argentino* 55).

Es imposible establecer límites entre las influencias que tuvieron *Ferdydurke* o "Contra los poetas" en la estética de Piñera, simplemente porque estas obras comparten entre ellas los planteamientos sobre la necesidad de cultivar un arte auténtico y porque ambas se encuentran en la antesala de las principales creaciones piñerianas. En él y en Gombrowicz se pueden identificar además similares procesos de evolución ideológica. En *Ferdydurke*, por ejemplo, se anunció el discurso que centró años después el ensayo "Contra los poetas." No solo en la ironía que supone la conversión de "obra en obrita" a la que alude el narrador protagonista de la novela, también en otras claras expresiones incluidas en la trama que ridiculizaban a quienes se valían de la poesía para mostrar una falsa superioridad moral.

El ensayo de Gombrowicz que apareció en *Ciclón* advertía, desde sus primeras líneas, que "sería más delicado de mi parte si no me metiera con uno de los pocos cultos que todavía nos quedan. Aunque los hemos destruido casi todos, practicamos aún el culto de la Poesía y de los Poetas" (9). El polaco, sin embargo, era un auténtico provocador. Arremetió contra la poesía métrica y contra los poetas. Aseguró que a casi nadie gustaban en realidad los versos que recreaban situaciones demasiado ficticias.

Gombrowicz se preguntó: "¿Acaso los poetas no crean para los poetas? ¿Acaso no buscan sólo partidarios, es decir, hombres de su propia estirpe? ¿Acaso estos versos no son sólo producto de cierto grupo, bastante estrecho? ¿Acaso no son herméticos?" (11). Sus interrogaciones retóricas dialogaron directamente con las ideas de Piñera en "Cuba y la literatura" sobre la falta de sentido de esa escritura reiterativa, hecha solo para los amigos-literatos. Tanto influyó en el cubano la mirada despectiva de Gombrowicz hacia quienes distorsionaban el concepto de pureza del arte, que en sus artículos de *Revolución* y *Lunes de Revolución* es posible rastrear una radicalización de su pensamiento con respecto a temas como el catolicismo y la poesía, a los que antes se acercó comedidamente.[15]

Si, como sugiere Antonio Monegal, se asume la literatura como ideología, basada en procesos históricos de conformación (280), es fácil comprender por qué los planteamientos piñerianos y las posturas de *Ciclón* ahondan en el efecto negativo de los ritos de vulgares creadores denunciados por Gombrowicz en toda su obra, y con especial crudeza en este ensayo. "Contra los poetas" fue presentado con varias notas al final. En ellas, su autor comentó que su "guerra" empezó cuando leyó su ensayo en Fray Mocho, una pequeña sala de conferencias de Buenos Aires y que retomó el discurso en la revista *Kultura*, donde durante dos años había estado publicando fragmentos de su *Diario*. En dichas notas aclaró que su lucha no era "con lo difícil, sino con lo esquemático" (16), por lo que su discurso remitía otra vez la crítica de Piñera a la repetición de fórmulas.

Gombrowicz aconsejó en su ensayo desacralizar la imagen de los grandes escritores como Valéry y Joyce, y criticó cualquier espíritu de avestruz frente a la realidad. Como *Ciclón*, el polaco pretendía

---

[15] La radicalización del pensamiento de Piñera la traté en el artículo "El disentir piñeriano." *Cuadernos Americanos*, no. 153, 2016, 11-28.

alejarse de los centros de poder cultural más legitimados entonces. Estaba preocupado por hacer, sobre todo, auténtica literatura:

> Quisiera llamar la atención sobre mi profunda vinculación y a la vez desvinculación con Sudamérica. Porque el latinoamericano en su fuero interno comparte, y grandemente, mi afán de liberación. Pero, considerándolo su debilidad y vergüenza secreta, trata de producir "a la altura de París." Así nacen vuestros poemas. (16)

Gracias a una edición independiente de "Contra los poetas," hecha en 2015 por Ediciones Tumbona, con prólogo y notas de su viuda Rita Gombrowicz, puede precisarse que la conferencia fue leída por primera vez el 28 de agosto de 1947, en el Centro Cultural Fray Mocho. O sea, sus ideas anteceden por tres años a las planteadas por Piñera en la primera versión de "Cuba y la literatura" (1950) sobre la necesidad de comenzar a hacer una literatura verdaderamente latinoamericana. Gombrowicz retomó su texto para *Kultura* en 1951, cuatro años antes de que Piñera revisara la versión que publicó en *Ciclón*.

El discurso de "Contra los poetas" marcó, sin dudas, el camino creativo de uno de los más importantes nombres de *Ciclón*. También de, al menos, uno de sus más asiduos colaboradores cubanos. Porque, gracias a los testimonios de Humberto Rodríguez Tomeu, se sabe que él y Piñera estuvieron presentes cuando el polaco pronunció la conferencia por primera vez, y que incluso fueron cómplices de garantizar que esa presentación pública tuviera efecto inmediato en quienes la escuchaban:

> Piñera y yo habíamos seleccionado extractos de poesías para ilustrar el texto de Gombrowicz. Piñera leía los poemas mostrando el aspecto grandilocuente y ridículo de ciertos versos. Algunos eran extractos de poemas conocidos. Evidentemente, un verso separado de su contexto se

volvía a menudo absurdo. Gombrowicz se puso nervioso antes de comenzar. Pero después de la conferencia, cuando la gente, principalmente los jóvenes, formularon preguntas, estaba muy cómodo para responderlas. (citado por R. Gombrowicz 7-8)

La historia de "Contra los poetas" y de *Ciclón* se entrelaza en más de una forma: El ensayo del polaco fue programático de la postura editorial asumida, y su tratamiento actual también es sintomático del olvido en que ha estado sumida la revista. La sistematización que hizo Rita Gombrowicz de la historia del texto así lo prueba, porque nunca incluyó su aparición en *Ciclón* (9). Esta omisión contribuye a su vez con cierta tergiversación de la historia de "Contra los poetas." Una nota al pie que acompaña a su primera versión como publicación independiente es retomada en la edición de Tumbona (2015). La nota asegura que, después de que Gombrowicz terminó su intervención en el Centro Cultural Fray Mocho, uno, de entre los numerosos poetas presentes en el público, se levantó para declamar airadamente un poema. Que el polaco esperó a que el bardo concluyera para agregar: "Gracias por ilustrar esta conferencia" (24). Pero en las notas finales de la versión de "Contra los poetas" publicada en *Ciclón*, el propio Gombrowicz contó la anécdota, con más detalles y con esa falta de sorpresa:

> Al terminar yo la conferencia, se levantó una poetisa muy menuda, y dijo:
> -Yo creo que la poesía debe ser para el pueblo.
> Después de lo cual se inició una discusión por los caminos trillados: si el verso tiene que ser para la "élite" o para "todos." (15)

Punto y aparte de las inconsistencias sedimentadas en la tradición de este ensayo, me interesa insistir en cómo su espíritu irreverente influyó a *Ciclón*. Su publicación redondeó, sin dudas, la intención anticanónica y polemista de la revista. Reafirmó la idea de que a los cicloneros les interesaba defender la ideología de ruptura, anunciada en "Borrón y cuenta nueva," tanto como con la renovación literaria, reclamada en "Cuba y la literatura."

Entre 1915 y 1920 inició el auge del formalismo ruso en el mundo. A medida que la Unión Soviética creció y llegó a invadir militarmente algunos de los territorios más cercanos a Rusia, comenzó a ser rechazada rotundamente toda mención de teoría literaria que pudiera apoyar la imagen de los formalistas. Dicha negación, según Jackobson, se extendió hasta avanzada la década de 1960 (8). Detrás de la postura radical de Gombrowicz contra la formalidad vana de la poesía es posible que se encuentren algunos rasgos de su oposición política e ideológica al formalismo soviético. Este tipo de postura política tuvo otras claras ramificaciones en *Ciclón*, cuando un número después de "Contra los poetas," Piñera publicó su pieza teatral *Los siervos* (9-29), una polémica sátira del régimen comunista que, contrario a lo que algunos críticos repiten, años después fue su propio autor, y no un censor, quien la excluyó de su *Teatro Completo* (1961).

La presencia de estos textos anuncia el interés de la revista por inmiscuirse en debates políticos y culturales, algunos de los cuales estaban aconteciendo en la arena internacional. En el número donde apareció *Los siervos* por primera vez, el 6 de 1955, *Ciclón* presentó su segundo editorial, en el concepto estricto del género. José Rodríguez Feo firmó como "El Director" un artículo titulado "Cultura y moral" donde enjuició abiertamente la improvisación que vivía la política cultural cubana. Entre las páginas 38 y 39, otra vez apareció el artículo en pliego independiente, de hojas amarillas y sin numeración. A partir de ese momento, la posición ideológica de *Ciclón* mostró síntomas de radicalización, porque el único problema para los implicados ya no era borrar a *Orígenes*, o favorecer el desarrollo de una literatura auténticamente cubana. Con "Cultura y moral" anunciaron que sus pretensiones iban más lejos porque consideraban "un deber ineludible enjuiciar toda política cultural, ya sea del Estado o privada." Convocaban a señalar los peligros que amenazaban la supervivencia de las artes en el país, "en un momento en que la vida del artista se hace más precaria, por no decir insostenible."

Las referencias que empleó Rodríguez Feo a Jacques Maritain y Cecil Collins para ejemplificar la precaria posición del artista en el mundo moderno, recuerdan esa formación académica y orgánica que a veces la historia parece negarle, pero que también su escritura ostentó. El análisis de la prensa que se publicaba en Cuba en esas fechas, así como de los números sucesivos de la revista, hace pensar en que el verdadero objetivo del editorial era iniciar una lucha política en contra de las nuevas estrategias que el gobierno de Batista emprendía para controlar la producción cultural en un escenario cada vez con más tensiones sociales. El editorial colocaba al artista como "verdadero paria de la nación," marginado de la sociedad y arremetía, directamente, contra el apoyo económico estatal como artilugio de control:

> Cuando el Estado cubano ha pretendido convertirse en Protector de las Artes, su política cultural ha estado viciada de demagogia y falsos conceptos. Así recientemente se instituyó un nuevo y flamante Instituto Nacional de Cultura (ya el nombre en sí se las trae) donde se congregaron inmediatamente los viejos "jerarcas" de la cultura nacional. Pensaríamos que en su seno íbamos a encontrar [a] los intelectuales eminentes del país. Pero por desgracia, descubrimos sólo una asociación de periodistas —desde el *croniqueur* político hasta el redactor de glosas encomiásticas del Instituto.

El 27 de febrero de 1955, justo un mes después del nacimiento de *Ciclón*, Batista se había reunido con el abogado Guillermo de Zéndegui y con el periodista Rafael Suárez Solís, para convertir la Dirección de Cultura del Ministerio de Educación en el Instituto Nacional de Cultura (INC). A favor de este programa se emitió una Ley de Presupuesto de la Nación, que otorgó 159 mil pesos para actividades culturales y de divulgación. El 18 de julio de 1955 se constituyó oficialmente la institución, y cuatro días después apareció en la nueva *Revista Informativa del Instituto Nacional de Cultural* un discurso de Zéndegui asegurando que el objetivo era impulsar la creación artística, pero nunca dirigirla (45).

Las reacciones de los intelectuales no se hicieron esperar. Mirta Aguirre aseguró, en el número de julio de 1955 de la *Revista Mensajes*, que el INC era un vehículo del gobierno para dominar la ideología del pueblo, una estrategia política que nunca podría ser neutral. Se denunció el secuestro de bibliotecas y la recogida de ediciones de algunos libros, así como el desvío de los recursos supuestamente destinados a la promoción cultural. La respuesta de los escritores —sobre todo de los comunistas—profundizó aún más las diferencias entre los políticos y los intelectuales. El 27 de octubre de 1955, en el Club Rotario de La Habana, Zéndegui pronunció otro discurso donde aseguró que el Instituto se mantendría al margen de las polémicas partidistas y de los intereses de grupos o banderías (Guzmán Moré 64-71).

Se divulgó además la Junta de Asesores de la nueva institución, integrada por los escritores Guillermo de Zéndegui, Gastón Baquero, Rafael Suárez Solís, Mariano Sánchez Roig, Francisco Ichaso, Lydia Cabrera, Mario Carreño y Morales, Francisco Pérez de la Riva y Pons, Arturo Alfonso Roselló, Aurelio de la Vega, René Herrera y por el escultor Juan José Sicre, la mayoría destacados en el ámbito periodístico, pero aún sin lo que sus contemporáneos consideraban carreras intelectuales relevantes. Esto colmó la paciencia de los intelectuales que se habían pronunciado durante todo el año contra el INC. Las protestas estaban en su auge cuando apareció publicado en *Ciclón* el editorial "Cultura y moral" para echar gasolina al fuego. Por ello Rodríguez Feo ironizó con tanta fuerza sobre la conformación de la Junta de Asesores.

> Se buscó un clima de conformismo absoluto a las ideas ortodoxas que sobre la cultura encarna su Director. Se rechazó de plano toda figura de minoría que podría resultar polémica o combativa por sus ideas nuevas. Se prefirió contar con el escritor mediocre y banal que nada tiene que decir y nada se atreve a objetar.

Entre los miembros de la Junta se encontraba Baquero, a quien Piñera reprochó, en 1944, aceptar el Premio Justo de Lara de periodismo que le entregó el gobierno; se encontraba además Ichaso, miembro del antiguo grupo de la *Revista de Avance*, grupo al que Feo criticó duramente por haber claudicado en el momento político de más trascendencia en el país. En lugar de ellos, Rodríguez Feo reclamó la presencia de intelectuales como Cintio Vitier o José Antonio Portuondo. Este reclamo enciende todas las alarmas entorno al ontiorigenismo de la revista. Desde su primer número *Ciclón* se declaró en contra del grupo, una postura literaria de la que Vitier formaba parte indiscutible. Además, en el número 3 de *Ciclón* de 1955, el propio Rodríguez Feo había publicado una reseña sobre *El heroísmo intelectual*, de José Antonio Portuondo, donde aseguró que la ideología comunista impedía al ensayista asumir en su libro una postura objetiva sobre la literatura (51-53). ¿Propuso Feo a Vitier y a Portuondo como mejores directivos del INC para ironizar sobre la imposibilidad que, en cualquier caso, tendría la institución de desarrollar una política cultural efectiva, o porqué en realidad los reconoció como intelectuales orgánicos, a pesar de sus desacuerdos personales e ideológicos? En cualquier caso, "Cultura y moral" devela algunas de las ideas de Rodríguez Feo sobre la función del Estado. Él entendía que la institución política tenía el deber de proteger a los artistas para que éstos, desde su condición de seres humanos libres, pudieran crear de forma individual una obra que reflejara sus convicciones. Para el crítico era imposible separar la moral de la política de la moral de la cultura, aunque la moral de la cultura no debía en ningún caso ser promovida desde valores oficiales. Con estas mismas contradicciones toparían de bruces los intelectuales cubanos en la década de 1960, cuando, copiando el modelo soviético, se promoviera en la isla el realismo socialista como única expresión de "libertad artística." Pero "Cultura y moral" es la muestra de que no fue después de 1959 que comenzaron las contradicciones entre el estado cubano y sus intelectuales. Por el contrario, puede afirmarse que el gobierno revolucionario solo reprodujo el constrictor esquema de política cultural que estaba denunciando Rodríguez Feo desde *Ciclón*. Y si no existió tal ruptura fue sencillamente porque el sistema político-social siguió siendo el mismo, basado en el poder de un grupo reducido de personas, alejado de la toma de decisiones en comunidad.

A pesar de argumentos como los de Feo, y del movimiento intelectual que se fraguó en contra del INC, el organismo fue oficialmente constituido por decreto presidencial el 18 de julio de 1956. Entre junio y octubre de 1955, Piñera hizo una estancia en Cuba. En carta a Carlos Caroldi confesó que, a su regreso, su país le pareció entonces "un enorme campo de concentración sin el atractivo de la crueldad" (*De vuelta y vuelta,* 125). En esas fechas, él y Rodríguez Feo diseñaron el que sería el número 6 de *Ciclón* de 1955, donde apareció "Cultura y moral." Pero las consecuencias de su publicación fueron enfrentadas en solitario por el director. El 9 de noviembre de 1955, Piñera le escribió otra vez desde Buenos Aires, con una petición y mucha esperanza. "Cuéntame todos los chismes sobre la revista. Espero que no haya pasado nada en definitiva" (*Ibidem*, 124). Siete días después se alegró de recibir respuesta de Pepe y de saber que "la sangre no llegará al río... y que *Ciclón* seguirá su ruta triunfal" (*ibidem*, 125).

Algo, sin embargo, cambió para la revista que estuvo desde entonces mucho más expuesta al escrutinio político. "Cultura y moral" fue un riesgo político que Rodríguez Feo y Piñera asumieron, conscientes de que ponían en peligro su proyecto editorial. Pero también fue una postura con la que habían sido consecuentes desde siempre, misma que había guiado la mano de Rodríguez Feo en la carta a Alfonso Reyes para criticar las elecciones organizadas por Batista en 1954. Por esta misma coherencia, la pelea contra Zéndegui y el INC que iniciaba *Ciclón* no se agotó en un editorial. El 17 de diciembre de 1955, Feo escribió una carta a Piñera donde resumió todas sus indisposiciones al respecto:

> Salió la revista del Instituto Nacional pero no la he visto. Marquina la reseña y dice es la mejor que se ha hecho en Cuba (hasta ahora) y que no hay otra mejor en América. Imagínate y después dicen que no se venden —esos cochinos *journalists*. [...]
>
> Fui un día a llevar Orígenes a Ramón [Ferreira]. Me recibió muy bien, me invitó a café y hablamos dos horas. Así que de nuevo, reconciliados. Lo hice —me trancé— porque hay que agrupar al rebaño ciclónico. Cada día hay más enemigos velados. La prensa nos ignora. Pero ya caerán las murallas cuando toquen las trompetas de plata. (*ibidem*, 132)

A partir de "Cultura y moral" los enfrentamientos de los cicloneros con Zéndegui compartieron espacio con las críticas contra *Orígenes*. Incluso persistieron, durante años, leyendas que recreaban las intenciones de Zéndegui de secuestrar ediciones de *Ciclón* y otras que lo nombraban como responsable del cierre de la revista en 1957. Aunque Rodríguez Feo las desmintió en diferentes momentos, las anécdotas reafirman lo incómodo que estaba tornándose el discurso ciclónico también para los espacios oficiales de poder cultural.

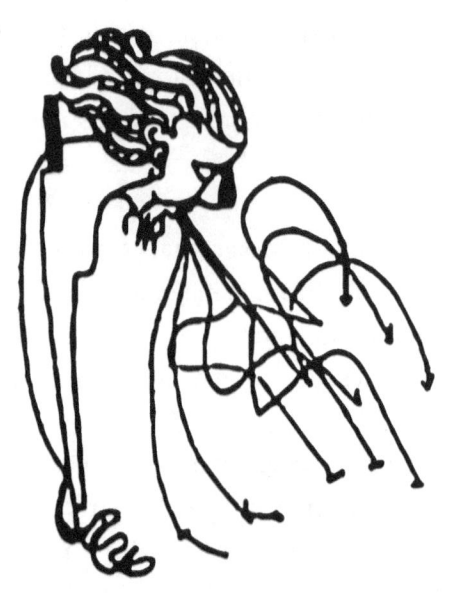

CONTRA LA CENSURA

La historia de *Ciclón* puede contarse desde muchas perspectivas. A partir de los autores que participaron en el crecimiento de la revista y que crecieron como intelectuales dentro de la revista; a partir de los temas que se trataron en sus páginas; a partir de su eterno debate con *Orígenes*, a veces más directo, a veces más solapado, un debate que llegó luego a *Lunes de Revolución*. Y aunque en todas esas fórmulas me he detenido; en las siguientes páginas me interesa seguir la historia de *Ciclón* a través de sus editoriales, la historia de su radicalización política y su defensa de la pluralidad estética.

Los editoriales o artículos políticos fueron escasos en sus páginas. Pero a su valor como documentos programáticos se sumaron otros trabajos de carácter ideológico, como podrían considerarse los mencionados "Cuba y la literatura" y "Contra los poetas." Estos textos casi siempre aparecieron para ahondar en ideas que habían sido planteadas inicialmente en algún editorial. Por ejemplo, "Cuba y la literatura" fue un intento de profundizar el discurso sobre ruptura origenista esbozado en "Borrón y cuenta nueva." En este sentido, el editorial "Duelo en España," presentado en el primer número de 1956, abrió una nueva línea de debate político en *Ciclón*, una actitud que reconectó a la publicación con su pasado ibérico.

Al finalizar 1955, su primer año de vida, la revista había alcanzado cierto reconocimiento internacional. Las gestiones de Rodríguez Feo y de Piñera para concebir y distribuir *Ciclón*; la riqueza azucarera de la familia del director que permitió pagar bien las colaboraciones; y los enemigos heredados de *Orígenes*, se conjuntaban para que se presentaran, desde el primer número, autores de elevado reconocimiento internacional como Jorge Luis Borges, Dámaso Alonso, Witold Gombrowicz. Éstos a su vez prestigiaron *Ciclón*. Así que, aunque Piñera y Rodríguez Feo lamentaran que dentro de Cuba la revista no tuviera la repercusión deseada, fuera de ella fue pronto leída y comentada (*De vuelta y vuelta* 145).

Sin embargo, *Ciclón* estaba en plena conformación. No sólo su discurso ideológico elegía cada vez a muros más altos contra los cuales arremeter, mientras los editores abrían las páginas a nuevas experimentaciones estéticas. También sentían sus creadores que la imagen conceptual no estaba completa o podía mejorarse. El 16 de febrero de 1956, Rodríguez Feo anunció a Piñera que el primer número del año incluía cambios en su diseño, quitó el subtítulo de Revista Literaria que aparecía debajo del título. Creía que la omisión rompía con el formato del primer año, pero que demostraba que *Ciclón* no se ajustaba a ninguna regla ortodoxa (*De vuelta y vuelta* 142). En puridad, *Ciclón* no fue una revista literaria, debido a la diversidad de temas abordados en sus páginas.

El número 1 de 1956 fue también la primera edición especial, dedicada casi íntegramente a la obra de un solo escritor, en este caso a José Ortega y Gasset. Abriendo sus páginas apareció el mentado "Duelo de España," con una explícita mirada internacional, inédita hasta entonces. Para presentar este editorial no hubo pliegos engrapados en páginas centrales. En la contraportadilla, Rodríguez Feo denunció, en dos párrafos largos, la censura del franquismo sobre las revistas españolas *Ínsula* e *Índice*:

> Desde España, la España catolizante, víctima desgraciada del Opus Dei, la Falange salvadora, y del ridículo tiranzuelo Francisco Franco, nos llega una nota de dolor, dolor que sentimos todos sus hijos espirituales de América en lo más hondo de nuestro corazón, asqueados de tanta hipocresía internacional y falsa moraleja religiosa.

Citó largamente la carta del "hombre de letras" español que le recomendó que *Ciclón* expresara su solidaridad con el hecho, en nombre de todos los escritores cubanos. No especificó quién era el remitente, pero el fragmento copiado en el editorial recuerda el tono —entre imperativo y aleccionador— que Aleixandre empleó en su correspondencia con Feo a raíz de la ruptura de *Orígenes*. Aunque con Juan Fernández Figueroa, director de la revista *Índice de artes y letras*, también intercambiaban correspondencia Guillermo de Torre y Francisco Ayala, otros dos colaboradores de *Ciclón* con quienes Pepe mantenía a su vez comunicación sistemática, es poco probable que ellos tuvieran la suficiente confianza para recomendar una acción de tanta magnitud como un pronunciamiento político. En realidad, lo más importante es cómo Rodríguez Feo se compró la pelea en contra del gobierno español. Su actitud nació probablemente del mismo sentido compromiso crítico que le había hecho antes tomar partido en contra del INC en Cuba. O quizás porque, como comentó a Piñera en febrero de 1956, con "Duelo en España" pretendía darle *cachet* político a *Ciclón* durante los convulsos tiempos que corrían. En la misma misiva, se mostraba encantado por poseer una libertad de crítica política que antes "nos negaban nuestros adversarios" (*De vuelta y vuelta* 142). Aunque no aclaró si se refería al grupo de Orígenes o al INC, los dos enemigos que le robaban el sueño en esas fechas.

Fernández Figueroa había comenzado a dirigir *Índice* en octubre de 1951. En el excelente artículo "Censura y prensa franquistas como tema de investigación," Jeroen Oskam asegura que es probable que el periodista comprara el nombre de un suplemento de *El Bibliófilo*, porque regulaciones de la prensa franquista impedían fundar nuevas publicaciones, debido al escaso papel en la España de posguerra. Pero como en el gobierno no se metían con la continuidad de revistas o suplementos existentes, más de uno optó por heredar o dar continuidad a nombres reconocidos, otorgándoles nuevos perfiles. Después de que se abrieron los archivos del franquismo, se ha polemizado mucho sobre el carácter de la revista *Índice*. El consenso general apunta que, aunque tuvo cierto tono aperturista, evitó enfrentarse realmente a la ideología del régimen. La revisión censora de la prensa en esos años era una condición obligatoria. Investigadores de *Índice* aseguran que las proporciones en las tachaduras de sus galeras son mínimas comparadas con otras publicaciones de la época y, que mientras la revista tuvo cinco multas o retenciones en el período, otras llegaron a tener 15. En cualquier caso, la primera censura relevante de *Índice* se produjo en 1954, cuando el gobierno secuestró su número especial dedicado a Pío Baroja (Oskam 10-13).

La desaparición denunciada por *Ciclón* en 1956 fue la segunda gran censura sufrida por *Índice*. Cuando Rodríguez Feo incluyó "Duelo en España" en el número dedicado a Ortega y Gasset, probablemente aún no sabía que su primera edición de *Ciclón* del año funcionaba ella sola como una gran protesta ante la ola de censuras que denunciaba su propio editorial.

Él y Piñera habían comenzado a preparar el número especial desde octubre de 1955, cuando les llegó la noticia de la muerte del filósofo español. En carta de ese mismo mes, remitida por Rodríguez Feo a Alfonso Reyes, se le pedía al mexicano una colaboración para "un número homenaje a Don Ortega y Gasset." En ese mismo mes de octubre fue suspendida en España *Alcalá*, revista estudiantil, y un mes después, su par *Haz*. Estos hechos provocaron varias protestas estudiantiles que se extendieron hasta enero de 1956, fecha en que fueron secuestrados los números de *Índice* e *Ínsula*, recién salidos de imprenta. Los censores afirmaron que estas últimas habían sido sacadas de circulación por poseer mayor cantidad de páginas que las permitidas para una edición. Pero Oskam asegura que la verdad era otra y se supo cuando abrieron los Archivos de Franco: las cuatro revistas tenían en común un despliegue de extensos homenajes a José Ortega y Gasset (126), justo como el contenido del primer *Ciclón* de 1956.

Es que, en la década de 1950, el franquismo había previsto con lujos de detalles el espacio que debía otorgarse en periódicos y revistas al fallecimiento de figuras públicas, como la del filósofo. Estaban determinadas, en documentos oficiales, la cantidad de fotos y de columnas que podrían dedicarse a homenajearlos. *Alcalá*, *Haz*, *Índice* e *Ínsula* incumplieron con esas indicaciones. Oskam asegura que, mientras la última mencionada, no pudo salir en todo el año, Fernández Figueroa si consiguió que se levantara la suspensión de *Índice*, tres meses después del secuestro de su edición.

Solidarizarse con las publicaciones españolas, en una edición dedicada casi por completo a Ortega y Gasset, en el caso de *Ciclón* se traduce a la postre en el nacimiento de un número más equilibrado temáticamente que todos los anteriores. Al respecto, e incluso sin saber los verdaderos motivos de la censura en España, Piñera le comentó a Feo: "Es un verdadero acierto tu nota sobre España y el papel de ese escritor español conjurando a *Ciclón* a salir a la palestra constituye una magnífica propaganda para la revista" (*De vuelta y vuelta* 145). Así es cómo en una sola aparición, la primera de 1956, la revista tomó partido a favor de un movimiento de resistencia trasatlántico, probando su perspicacia intelectual; reafirmó sus intereses políticos, sus ansías de enfrentamiento a todo lo que oliera a ortodoxia; se concilió simbólicamente con los orígenes más lejanos de su nacimiento, cuando los jóvenes escritores y pintores cubanos se reunían para escuchar a Juan Ramón Jiménez y a María Zambrano, en el Lyceum de La Habana, hablar sobre poesía y criticar la Guerra Civil española; consolidó su imagen estética y dejó de ser, definitivamente, un grupo de textos con odios comunes para iluminarse como proyecto editorial, con líneas discursivas bien delimitadas y no por ello menos plurales. El número dedicado a España marcó una diferencia en cómo la revista miraba al mundo y, al menos simbólicamente, en cómo el mundo leía a la revista. Los cicloneros no desistirían en sus denuncias sociales, a pesar de cualquier presión oficial que se pudiera estar ejerciendo sobre ellos. España era el espejo de la dictadura que podría establecerse. Es probable que estas coincidencias políticas contribuyeran para que los autores peninsulares fueran los más publicados en la revista después de los cubanos.

Es que el año 1956 también fue definitivo en la pérdida de prestigio del INC y en el agravamiento de la tensión política en Cuba. Se multiplicaban los enfrentamientos sociales, los jóvenes detenidos y la oposición partidista. El 5 de agosto, la portada del *Diario de la Marina* reportó que "tres cubanos fueron detenidos, uno anoche y los otros dos esta mañana, en Yucatán, donde también se ha decomisado armas. Agrega que uno de ellos declaró a los agentes que las armas iban a enviarse a Cuba la semana próxima, para utilizarse en una revolución" (A1). Uno de los detenidos confesó que el objetivo era matar a Batista.

El *Diario de la Marina* fue la mayor empresa periodística de la época en Cuba y una de las más importantes del continente. Su valor es indiscutible cuando se intenta reconstrucción la historia nacional. Es bueno recordar que casi todos los miembros de la Junta de Asesores del INC criticados por Rodríguez Feo formaban parte de la nómina periodística de *Diario de la Marina*, incluidos Baquero, Ichaso, Suárez Solís y García Pons. Ellos eran los cronistas sin carácter que servían como dardo al director de *Ciclón*. Y a su plantilla se sumaba, esporádicamente, Lezama Lima.

El mismo día 5 de agosto, cuando el *Diario de la Marina* denunció ese complot en Yucatán en contra de Batista, Guillermo de Zéndegui mandó una carta a la bailarina Alicia Alonso, directora fundadora del Ballet de Cuba, donde le notificaba que el INC había recomendado al Ministerio de Educación cortar los 33 mil pesos de subsidio que recibía anualmente la institución dancística. Días después, el 17 de agosto, Alicia hizo pública la carta de Zéndegui y su propia respuesta en el diario, donde aseguraba no sentirse para nada sorprendida de la actitud del atacante (A20). El Ballet había dado 12 funciones en el año, algunas gratis y el resto con precios muy bajos. Para reconocer este trabajo, organizaciones civiles programaron, a finales de agosto, un homenaje nacional a Alicia Alonso. Sin embargo, Zéndegui aseguraba que el Ballet de Cuba debía revisar su objeto social antes de aspirar a obtener nuevos subsidios. La bailarina denunció que el director del INC en realidad trataba de sobornarlos a ella y a su esposo Fernando Alonso, cambiando la subvención del Ballet por salarios personales de 300 pesos mensuales. Agregó que era "lamentable que la decisión de usted y del Instituto se produzca en momentos en que todos los gobiernos del mundo se preocupan cada día más por estimular empeños como el nuestro."

Una "Asamblea para tratar del ballet de Alicia Alonso, en el Lyceum" fue anunciada en el periódico del 21 de agosto. El comité organizador del homenaje convocó a todas las sociedades culturales y artísticas, personalidades de las artes y las letras a reunirse el 23 de agosto para debatir "la decisión tomada por el Instituto Nacional de Cultura al recomendar al Ministerio de Educación la supresión de la subvención otorgada al Ballet de Cuba" (A3).

El número 4 de *Ciclón* está fechado en julio de 1956. Salió de imprenta los primeros días de agosto, cuando Rodríguez Feo llegó a La Habana procedente de una estancia de dos meses en Argentina, donde compartió con Piñera placeres y trabajo. Coincidió la salida del número con el desencuentro público entre Alicia Alonso y Zéndegui. El alcance del enfrentamiento era sintomático de la degradación general que se experimentaba en el país. Incluso Pepe se mostró consternado, a su regreso, por la violencia que imperaba en las calles. "La cosa aquí va cada día peor. Ayer la policía se metió en la Universidad. Registraron y acabaron. En Santiago de Cuba los estudiantes mataron a cuatro soldados. Y siguen los tiros, pero Batista como si nada," contó en carta a Piñera (*De vuelta y vuelta* 165). A su preocupación se sumó el desencanto de descubrir que su hermano Orlando había desviado dinero del fondo familiar:

> El volver a tiempo nos salvó financieramente. Imagínate que al regresar y abrir la correspondencia leo el estado de cuenta de mamá y veo que se han gastado 16 000 pesos en junio y julio. Salí corriendo y en el banco al revisar los cheques cancelados descubro que Orlando había falsificado la firma de mamá en unos 20 cheques hechos por él a su nombre por esa cantidad. (164-165)

En medio de estas preocupaciones de Rodríguez Feo —y del ago-
bio de Virgilio en Argentina, donde había comenzado a colaborar con
la revista *Sur* y preparaba la salida de sus *Cuentos fríos* con Losada— apareció el número 5 de *Ciclón*, fechado en septiembre de 1956.[16]
La revista en definitiva no abordó la pelea de Alicia Alonso con el INC,
ni la consecuente disolución que sufrió el Ballet de Cuba. Pero el hecho contribuyó a que se desatara en Cuba una nueva oleada de oposición intelectual al INC, a la que *Ciclón* sí se sumó.

Ítalo Calvino, en una frase reveladora, aseguró que "el momento de
la sátira es siempre un momento de madurez. A toda literatura épica

---

[16] Piñera, V. *Cuentos fríos*, Losada, Buenos Aires, 1956. La aparición del libro fue
varias veces pospuesta por el director de la editorial, situación que estresó y
decepcionó mucho a Piñera. Aunque cualquier preocupación fue borrada por el
inmediato éxito de *Cuentos fríos*, elogiados especialmente en la revista *Sur*. Esta
historia es trascendental en el desarrollo de *Ciclón*, porque la salida del volumen
de cuentos y la visita de Rodríguez Feo a Buenos Aires conspiraron en 1956 para
que Virgilio se acercara a la publicación argentina, luego de haber jugado, durante años, en el bando crítico de Gombrowicz. Este acercamiento entre Piñera y
Sur lo testimonió José Bianco con la siguiente anécdota: "Y una tarde de abril de
1956 Piñera se presentó en la redacción de *Sur* donde yo trabajaba por entonces. Al verlo entrar con un sobretodo de pelo de camello, bufanda, guantes y
anteojos de cristales oscuros, lo creí recién llegado de Cuba, preparado a desa-
fiar el otoño apacible de Buenos Aires con una indumentaria digna de Shackle-
ton. Luego de cambiar con él unas palabras me enteré de que vivía en Buenos
Aires, con algunas interrupciones, desde 1946; tampoco me visitaba para traer-
me una colaboración sino para anunciarme la llegada de Rodríguez Feo, con
quien yo estaba ligado por una vieja amistad epistolar. Como le hiciera algún
reproche por acercarse a *Sur* al cabo de tanto tiempo, se limitó a quitarse los
anteojos y a sonreír, alzando las cejas, fijando en mí su mirada clara y bondado-
sa, abstraída, de sus ojos de miope. Llevaba, me dijo, una vida muy solitaria; apenas frecuentaba los círculos literarios de Buenos Aires; por lo común, enviaba a
Ciclón sus originales. En su actitud no había desdén, afectación, orgullo. La prueba es que accedió de buena gana a escribir en *Sur*" (143-44). Este acercamiento
en realidad se produjo algunos meses antes de la fecha señalada por Bianco y
provocó un distanciamiento de la publicación con las posturas del escritor polaco, así como la determinación de no publicar un texto crítico suyo sobre *Cuentos
fríos*: "No sé si la nota no va —escribió Gombrowicz— porque Pepe no quiere
peleas con Sudamericana o porque en verdad la consideran perjudicial para el
libro. De todos modos están en el error. Estas son consideraciones provincianas
[,] en la literatura hay que proceder con dureza y crudeza, de otro modo no se lo-
gra nada" (*De vuelta y vuelta* 175).

sucede, tarde o temprano, su propia parodia, y esto corresponde a una nueva fase histórica" (1964). La denuncia que hizo *Ciclón* del viciado ambiente cultural cubano usó precisamente la sátira como recurso. El texto "Carta de un pintor de provincia," publicado en la contratapa de septiembre de 1956 fue síntoma inequívoco de esa madurez que emplea la risa como camino a la crítica:

> Señor Director:
>
> Perdone que moleste su ocupada atención, pero el asunto vale la pena. Si me animo a escribir esta carta, es porque veo en serio peligro la probabilidad que, como pintor, tengo de obtener uno de los premios del próximo Salón de Pintura y Escultura que auspicia el Instituto Nacional de Cultura. De esto se trata.
>
> Hasta la ciudad de provincia donde vivo, ha llegado este inquietante rumor en forma de noticia más o menos telegráfica:
>
> Los premios del Salón han sido discernidos por el Jurado con anterioridad a la apertura del referido Salón. Así se dice que el premio de mil pesos será otorgado a la pintora Amelia Peláez; en cuanto a los tres premios restantes, de quinientos pesos, los agraciados son Portocarrero, Mijares y Carlos Enríquez.

El supuesto pintor de provincia preguntó a Rodríguez Feo qué pensaba de esta situación. Y, con ironía, aseguró que sabía que le acusarían de "mal pensado" porque el Jurado era honorable. Al final de la página, apareció una brevísima "Nota del Director," que hizo juego al tono de la carta, al asegurar que "las alarmas de este pintor de provincia, nos parecen bien infundadas." Calificó al jurado de "imparcial, es honesto, es capacitado." Su última frase trataba de ser un desafío a lo que, evidentemente, todos sospechaban que terminaría sucediendo: "En breve conoceremos su fallo, que no será el que este joven pintor de provincia sospecha." Mediante el juego dialógico con un supuesto pintor de provincia, Feo trataba de llamar la atención sobre la desatención que sufrían varias zonas del país por parte de los mecanismos estatales de competencia cultural. En definitiva, descentralizar la producción artística había sido un llamado de *Ciclón* desde sus primeros editoriales y también un ejercicio que había puesto en práctica.

Desde enero de 1956, 23 artistas cubanos habían firmado una Declaración de Principios en la que se negaron a concurrir al VIII Salón de Pintura, Escultura y Cerámica, que había convocado por el INC en el Palacio de Bellas Artes. En forma de protesta desarrollaron la Exhibición por la Libertad de la Cultura, Anti-Salón Nacional. Está de más decir que, como sospechaba el "pintor de provincia," Amelia Peláez ganó el Premio de Mérito en el VIII Salón Nacional. René Portocarrero también fue premiado por su obra *La Catedral*. Ambos pertenecieron a la conocida como Generación de 1924, que rompió en Cuba con todo lo que representaba la Academia de San Alejandro e inició sus propias búsquedas. La Generación de 1924 dio a la luz también las obras de Lam, Carlos Enríquez, Abela. Pero Amelia fue la primera del grupo acusada de dejar de arriesgarse con su obra. "Ha continuado pintando para intelectuales, unos cuadros de geometría fría y razonada; permaneciendo sorda a toda solicitud nacional" (89), advirtió Guy Pérez Cisneros desde el tempranísimo 1937.

¿Por qué el ataque de *Ciclón* no se produjo contra el mal manejo que el INC hacía de sus fondos y fue frontal contra varias figuras de la plástica? ¿Qué grupos o intereses representaban esos pintores que se granjearon las sospechas, pero no las críticas directas de la revista? René Portocarrero había ilustrado, en 1955, el libro *Gradual de Laudes*, de Ángel Gaztelu. Una edición que apareció bajo el sello de Orígenes y que Rodríguez Feo criticó duramente en su reseña "Un surtidor de poesía," publicada en el *Ciclón* 6 de 1955 (72). Amelia Pélaez, la principal acusada, era a la pintura cubana de la primera mitad del siglo XX, prácticamente lo que Lezama había sido para la poesía. Ella inició una ruptura en el devenir lógico que planteaba la historia, por ser pintora anti academicista y, también, por ser mujer. Amelia, además, fue muy consentida por Lezama, quien le dedicó varios artículos y propició múltiples espacios para que ella exhibiera su pintura.[17] Además de estos vínculos, suficientes para despertar la ira ciclónica, se prestaban al juego del INC y su salón.

Rodríguez Feo estaba al tanto de estos pactos. Había expresado en el número 2 de *Ciclón* de 1956 su preocupación por el futuro de la pintura cubana. En su artículo "El dilema de nuestra pintura" criticó específicamente el carácter mercantil que identificaba en la obra de Peláez (84-85). La denuncia que hizo del amañado VIII Salón Nacional puede considerarse entonces sobresaliente en la historia de la revista por dos motivos fundamentales. Primero, la ironía de la "Carta de un pintor de provincia" y de la "Nota del Director" fueron inéditos en las declaraciones editoriales de *Ciclón*. En el momento en que aparecieron representaron el sincretismo entre su espíritu literario (lúdico, plural) y su discurso político. Segundo, ensayar sobre la pintura y divulgar la obra de los plásticos cubanos fue una tarea que centró la vida de Rodríguez Feo, antes y después de esta revista.

Como prueba de su interés está el hecho de que, desde el nacimiento de *Ciclón*, se habían publicado seis textos, de diferentes géneros, dedicados al tema. Estos habían oscilado desde críticas a exposiciones de Mariano Rodríguez, Agustín Fernández y Agustín Cárdenas, hasta un ensayo sobre la estética de Wifredo Lam, el único que incluyó reproducciones de pinturas. Las denuncias de "un pintor de pro-

---

[17] Lezama Lima, J. "Fundación de un estudio libre de pintura y escultura," *Verbum*, núm. 3, 1937, 70-71; "En la muerte de Amelia Peláez," *La materia artizada (Críticas de arte)*, Tecnos, Madrid, 1996, 201-202; "Amelia," *La visualidad infinita*, Letras Cubanas, La Habana, 1994, 165-169. Amelia además publicó varias veces su obra en las revistas de Lezama, sobre todo en *Espuela de Plata* ("Dibujo," núm. E-F, 1940) y en *Orígenes* (4 portadas, 1 viñeta y 4 ilustraciones).

vincia," aparecidas en septiembre de 1956, concretaron además un ciclo de preocupaciones por el desarrollo estético de las artes plásticas, pero cerraron el tratamiento del tema en la revista.[18]

Debe contemplarse la posibilidad de que la construcción de la epístola como una denuncia anónima pudiera haber sido un ardid para escapar de la opresión política en Cuba. Sin un autor definido al que acusar de calumniador, *Ciclón* podía ir en contra del *establishment* cultural que se estaba consolidando; y mantenerse a salvo de cualquier contra medida en un contexto que, como era evidente, cada vez era menos susceptible a la crítica.

El espaciamiento en el tiempo de aparición de la revista en 1957 —salen tres números en comparación a los seis habituales—, su desaparición en 1958, no permiten, sin embargo, llegar a conclusiones definitivas. El último editorial de *Ciclón* apareció en su último número, publicado en 1959. Se tituló "La neutralidad de los escritores." Para entonces la realidad nacional se había transformado de manera tan radical con el triunfo de la Revolución, que el INC lucía como una institución del pasado a la que no tenía sentido regresar.

---

[18] El primer ensayo publicado en *Ciclón* sobre la plástica cubana fue de Eduard Jaguer, "Wifredo Lam", *Ciclón*, vol. 1, núm. 2, 1955, 28-31. Fue una acercamiento a la creación de Lam, donde se planteó la existencia de dos momentos en su obra: el surrealista, que llegó hasta *La Jungla* (1943) y otro más audaz a partir de ahí. Para Jaguer, *La Jungla* no tenía de influencias de la mítica folclórica cubana, sino de corrientes universales, como Picasso y el vooddo. El texto estuvo acompañado de bocetos varios, de Lam, fechados en 1943, 1947 y 1953. La crítica sobre exposición de Mariano Rodríguez en la Galería Cubana y exposición de Agustín Fernández en el Lyceum de La Habana fue escrita por Luis Lastra, "Un cuadrado a la pintura," *Ciclón*, vol. 1, núm. 3, 1955, 55-56; Damián Carlos Bayón, "Matisse o la Mano que piensa", *Ciclón*, vol. 1, núm. 4, 1955, 55-59, un ensayo dedicado a comentar cómo la pintura de la época se alejaba de la religiosidad de la Edad Media y de la expresión social del siglo XIX. Las armas se alzaron por primera vez contra Peláez y Portocarrero en J. R. F., "Las sorpresas de Abela", *Ciclón*, vol. 1, núm. 5, 1955, 63-64. Una reseña sobre exposición de pintura de Eduardo Abela sirvió como pretexto a Feo para criticar a los jóvenes pintores academicistas y a otros consagrados. Luego apareció el citado de José Rodríguez Feo, "El dilema de nuestra pintura."

A nivel nacional, el discurso vuelve a ser abiertamente crítico en 1959. Las preocupaciones para entonces son las mismas y son otras. En ese momento, la radicalidad política vuelve a tomar las páginas de *Ciclón* en un nuevo espejismo de libertad. En medio de las nuevas esperanzas, Rodríguez Feo tuvo argumentos suficientes para criticar en su editorial "La neutralidad de los escritores" a quienes que no habían tomado partido a favor de la lucha por la libertad del país en la década de 1950. La publicación de editoriales y textos alternativos que había estado haciendo *Ciclón* en contra del INC, de la censura en España, de la corrupción cultural en Cuba fue, sin dudas, su principal arma de defensa, su escudo moral para atacar a quienes no habían tomado la misma postura crítica. En 1959, los colaboradores de *Ciclón* se sentían en condiciones de esgrimir fuertes acusaciones contra los neutrales una vez derrocado el gobierno de Batista, porque ellos mismos se identificaban como parte de los acérrimos críticos del dictador y de los movimientos seudo culturales que esté impulsaba.

Sin embargo, a ningún proyecto cultural nacido antes de 1959 se le permitiría vivir mucho tiempo después del triunfo de la Revolución. *Ciclón* no fue la excepción. Por eso su último número, aunque cierra su aparición pública, también forma parte de una historia diferente a la hasta aquí sistematizada.

Si un espacio se mantuvo constante mientras apareció la revista fue la sección Barómetro, donde se incluyeron cada vez dos o tres artículos dedicados a temas de actualidad. Abarcó perspectivas muy variadas. En esas últimas páginas de la revista, Cabrera Infante reseñó, por ejemplo, la entrega que Ernest Hemingway hizo de su medalla del Premio Nobel de Literatura a la Virgen de la Caridad el Cobre, patrona religiosa de Cuba. En "El Viejo y la Marca," aparecido en el número 5 de 1955 (51-55), criticó el engolamiento del acto, lo incómodo que resultó para Hemingway que mezclaran a sus amigos pescadores con representantes de instituciones culturales. En esas últimas páginas también aparecieron dos críticas cinematográficas: en el número 4 de 1955 se publicó la realizada por Piñera al filme estadounidense *Carmen Jones*, producido en 1954 (59-60) y en el número 6 de ese mismo año, la firmada por Julio Rodríguez Luis, sobre la película *East of Eden* (74-75).

"Un experimento feliz" tituló Piñera su ingenuo análisis de la película dirigida por Otto Preminger. La producción tenía su antecedente literario en la novela decimonónica *Carmen*, de Prosper Mérimée; pero estaba basada en la adaptación operística que habían hecho de dicha pieza los creadores Georges Bizet, Ludovic Halévy y Henri Meilhac. Así que *Carmen Jones* era un filme musical, de corte comercial. Piñera, al contrario de Cabrera Infante, no es conocido por haber practicado con asiduidad la crítica de cine, ni siquiera después, en sus años como colaborador de *Revolución*. Es por ello que su trabajo sobre *Carmen Jones* aporta una nota curiosa a su amplia producción crítica de esos años. El cubano, visiblemente impresionado por el filme, elogió que, en la versión de Hollywood, la protagonista fuera negra y viviera en Chicago, que fuera una mujer marginal en una ciudad violenta. Aunque criticó que el libreto estuviera más condicionado por la música que por la trama original de la historia de amor y celos.

Rodríguez Luis hizo comentarios similares en "Al norte del Purgatorio." Elogió que *East of Eden*, dirigida por Elia Kazan, hubiera seguido paso a paso la novela escrita en 1952 por el premio Nobel estadounidense John Steinbeck. Para el crítico, esta decisión cinematográfica demostraba que el director estaba en el mejor del momento de su carrera. Tanto Piñera como Rodríguez Luis se apegaron a sus conocimientos literarios para valorar obras de diferentes códigos artísticos.

Corrado Álvaro en su ensayo "La crisis del héroe," publicado también en *Ciclón* (núm. 4, 1955: 32-36), ya había advertido sobre estas carencias de los críticos cada vez que se acercaban al cine. Según Álvaro, el séptimo arte funcionaba en el imaginario popular de la década de 1950 de forma idéntica a como los romances habían funcionado en el siglo anterior. Era el arte más aclamado por las masas, creador de los héroes y heroínas del momento. La única diferencia era que el cine estaba más condicionado por las demandas comerciales del mercado de lo que estuvieron en su momento los romances. En su ensayo, Álvaro explicaba que el héroe protagonista de las obras de ficción cambiaba en cada período de tiempo, hasta llegar a ser una figura despersonalizada en la década de 1950, un personaje en serie, sin identidades individuales que lo definieran.

Sus explicaciones sirven para comprender el elemental análisis contenido en las críticas cinematográficas de *Ciclón*. En la década, muchos veían el cine como la posibilidad de poner en pantalla obras literarias, más que como una manifestación artística independiente; de ahí que muchas veces las producciones se analizaran a partir de las piezas que les servían como antecedentes, algo similar a lo que acontecía con la crítica a las piezas teatrales. Los elementos literarios de los filmes se consideraban fundamentales, mientras los recursos audiovisuales, la fotografía, el sonido, aún quedaban relegados a un segundo plano en el análisis, eso en los casos en que se mencionaran. La postura de *Ciclón* ante el ascenso del cine es el reflejo de una época. Al no estar democratizadas las tecnologías de realización ni consumo audiovisual, la cultura de la imagen aún no marcaba la idio-sincrasia del siglo XX, no permeaba la forma en la gente percibía la vida. De hecho, faltaban aún algunas décadas antes de que el cine comenzara a influir en las estructuras literarias (Monsiváis 1999).

Estas críticas sobre cine, así como el ensayo de Álvaro y los dife-rentes comentarios sobre artes plásticas en Cuba, junto al carácter noticioso de la sección Barómetro, prueban que *Ciclón* era mucho más que una revista literaria, y que, para nada, aspiraba a ser una re-vista de poesía. En ese sentido, se distanció no sólo de *Orígenes*, sino de todas las publicaciones producidas antes por los diferentes miem-bros de la generación de 1936, incluida *Poeta*, de Piñera.

El carácter de Rodríguez Feo, su preocupación como crítico de arte, se traducen claramente en este *Ciclón* que fue, ante todo, una revista cultural, de actualidad, aunque con énfasis en la literatura. Él fue el principal motivo para que el discurso crítico de la publicación abarcara una abrumadora diversidad de manifestaciones artísticas. La intención evidente detrás de estos discursos era romper con esas críticas densas que aún campeaban con éxito los medios de prensa y en algunos círculos intelectuales cubanos, aún desde discursos de-masiado edulcorados, o demasiado comprometidos en niveles (de amistad, económicos, políticos) que nada tenían que ver con la cali-dad creativa.

Sin embargo, la revista no logró ser todo lo objetiva que pretendió en sus proyecciones. La necesidad de Rodríguez Feo y Piñera de dar la "patada de elefante" fue un gesto retórico que también provocó que favorecieran más a ciertos grupos literarios que a otros. En las pági-nas de *Ciclón*, los libros o acontecimientos de la literatura y las artes plásticas que tuvieran alguna relación, aunque lejana, con *Orígenes* fueron criticados con una vehemencia no siempre bien fundamentada. Así la aparición de *Gradual de Laudes*, de Ángel Gaztelu, sirvió como pretexto a Rodríguez Feo para llamar a su autor pretensioso y vanido-so en la reseña "Un surtidor de poesía," aparecida en el número 6 de *Ciclón* de 1955. El presbítero fue acusado de haber sido siempre un escritor hermético, que con su nuevo libro sólo trataba de hacerse popular (72). Fina García Marruz tampoco se libró de esta ira antiorigenista. El mismo Pepe publicó, bajo el seudónimo de Isidro Dávalos, una abierta crítica a "Los Diarios de Martí" (núm. 2, 1956: 86-87). En su reseña elogió la escritura del Apóstol cubano, se mostró conmovido por la calidad de su prosa. Pero arremetió contra el ensayo preliminar firmado por la poetisa, al que calificó de incompleto. El uso de seudónimos para firmar los trabajos en *Ciclón* fue bastante escaso, más si se compara con la tendencia de la época. De hecho, solo Rodríguez Feo empleó un par de ellos: el de "Isidro Dávalos" y el de "J. Demos" para presentar un texto y dos traducciones. Es probable que su objetivo fuera equilibrar un poco el crédito de la revista o transmitir el sentido de comunidad colaborativa que él anhelaba para la publicación. Aunque el caso de la crítica a "Los Diarios de Martí" me inclino a pensar que el uso del seudónimo fue para proteger algún buen sentimiento que, en lo personal, le quedaba por García Marruz; o como expresión de ese paternalismo con el que los escritores se acercan frecuentemente a las obras de sus pares mujeres.[19]

Aunque queda claro que, para los ciclónicos, ninguna condición social ni natural atenuaba lo que ellos consideraban el gran defecto de ser origenista. Los mismos argumentos que Rodríguez Feo esgrimió contra Gaztelu y contra García Marruz fueron retomados por Antón Arrufat en contra del poemario *Canto llano*, de Cintio Vitier. En "El fruto después de las vísperas," publicado en el número 3 de *Ciclón* 1956, Arrufat enfatizó que Vitier entregaba un libro claro después de hacer poesía hermética durante mucho tiempo. Reprochó al origenista dejarse influenciar por Heidegger en la filosofía del ser cubano que

---

[19] No pasa desapercibido que, a pesar de los intentos de *Ciclón* por ser un espacio inclusivo, se concentró en la crítica a la heteronormatividad masculina. Aunque autoras como Graziella Peyrou y las hermanas Ocampo colaboraron con la revista, y fungieron incluso como importantes mediadoras entre la publicación y otros colaboradores, las firmas de mujeres fueron minoría.

tratarba de definir en su libro (53-55). Todas estas reseñas literarias, publicadas en Barómetro, hicieron de la sección el espacio predilecto para cargar los dardos antiotigenistas.

En contraste, la obra de las y los vinculados a *Ciclón* tuvo una evidente mejor suerte al ser comentada en la revista. Fue el caso de la novela de Virgilio Piñera, *La carne de René*, que recibió sólo elogios en la reseña "Una alegoría de la carne," escrita por Rodríguez Feo. Dicho texto apareció en el primer número de *Ciclón*, en 1955, debe haberse gestado a la vez que se gestaba la revista, y en él se presentaba a la pieza como una obra de horror. Feo negó que se tratara de una novela fantástica. Resaltó además el estilo humorístico de Piñera (43). Es justo aclarar que, aunque *La carne de René* contribuyó a definir las principales preocupaciones sobre las que se erigió el universo piñeriano como la autofagia, la miseria, el hambre, es una pieza menor, que deja mucho que desear, a lectores exigentes, en cuanto a ritmo y estructura narrativa. Sin embargo, nadie en *Ciclón* estaba dispuesto a enfrentarse al ego piñeriano, ni a criticar a uno de los artífices de la revista.

En el primer número de 1957, Niso Malaret repitió la apuesta por la obra de Piñera. Con sus dos manos aplaudió los *Cuentos fríos*, publicados por Emecé un año antes. Otra vez en Barómetro, publicó la reseña también titulada "Cuentos fríos" (62-65), donde no escatimó en elogios para el conjunto. El volumen, ciertamente muchísimo más afortunado a nivel literario que *La carne de René*, está conformado por narraciones breves, donde el autor hizo gala de un estilo jocoso y trágico a la vez, claro e ilógico, tal como elogió Malaret en su reseña.

En el libro *La poética del límite*, Alberto Garrandés analizó dos comentarios críticos que aparecieron en la misma fecha sobre *Cuentos fríos*. Uno de ellos fue el de Malaret, a quien Garrandés acusó de no poder distanciarse de la obra ni ser objetivo, al adjudicar a Piñera intereses que en realidad eran solo posibles interpretaciones de su obra. Según Garrandés, Malaret se basó en la trascendencia filosófica de *Cuentos fríos* para adentrarse en su trasfondo ontológico:

Observa que Piñera mitifica los grandes conflictos del hombre y reduce el significado de los cuentos al carácter proyectual que ellos mismos poseen. Es decir, el comentarista se atiene sólo al simbolismo general del libro, aspecto que se relaciona con el grado de abstracción presente en él. (127).

En medio de su ensalzamiento, Malaret equiparó la estructura de los cuentos de Piñera con la del Evangelio Bíblico, una comparación que resulta problemática si se recuerda cuantas veces el autor de *Electra Garrigó* criticó la estética origenista, precisamente por tener a la religión como *leit motiv*. Decir que las alabanzas a *La carne de René* y *Cuentos fríos* prueban que *Ciclón* no fue en realidad un espacio que persiguiera la construcción de una crítica literaria honesta pudiera ser tomado como una postura exagerada, sobre todo si se argumenta que, a pesar de cualquier desacierto en la perspectiva de Malaret, Piñera ha sido considerado, desde hace años, entre los principales autores cubanos del siglo XX, creador de una poética de la negación que, de hecho, se anuncia en *La carne de René* y se consolida definitivamente en *Cuentos fríos*. Pero cuando se hace el ejercicio de completar la lista de reseñas aparecidas en Barómetro no caben dudas de que afloran algunas intenciones grupales en la construcción del canon cultural que se estaba produciendo, conscientemente o no, desde la revista.

Por ejemplo, Cabrera Infante publicó en el número 2 de 1955 la reseña "Antología del Cuento en Cuba (1902-1952)," dedicada a analizar el volumen homónimo, compilado por Salvador Bueno en 1953 y publicado por la Dirección de Cultura del Ministerio de Educación de La Habana. En su texto, criticó la selección incluida en el volumen, pero sobre todo que no hubiese abarcado la obra de autores jóvenes como Matías Montes Huidobro, Lisandro Otero, René Jordán y Silvano Suárez (55-56). Dos años después, exactamente en el número 2 de 1957, Piñera arremetió otra vez en contra de Salvador Bueno, en una reseña titulada "Un testigo implacable" (63-64). En ese caso, criticaba que el volumen *La letra como testigo*, publicado por la Universidad Central de Las Villas ese mismo año, fuese en realidad un caos donde Bueno hablaba de todos los temas que le interesaban sin concentrarse en ninguno. Piñera rechazó la idea del autor de emplear el género biográfico y negó que lograra esbozar como cuentos fantásticos historias de su vida real. Para él, Bueno no había logrado ninguna de sus pretensiones literarias, críticas ni creativas.

Estos textos también parecen formar parte, específicamente, de cierto interés por arremeter contra la ideología comunista. Una lista a la que debe sumarse *Los siervos*, de Piñera, entre otros más breves. *Ciclón* nació y se consolidó como proyecto editorial en un mundo dividido ideológicamente, en un momento álgido de la guerra fría. En su abarcador ensayo *Historia del siglo XX*, Eric Hobsbawm explicaba que el contexto internacional de la década de 1950 transcurrió condicionado por una tercera guerra mundial singular, que no estaba definida por batallas, o acciones de luchar, sino por una constante voluntad de entrar en combate (230). La cercanía geográfica de Cuba con Estados Unidos, los nexos políticos, económicos y culturales que florecían entre ambos países, la imagen negativa de Stalin que se consolidaba en el mundo occidental, fueron realidades que influyeron en los escritores cubanos del período, quienes compartieron el temprano rechazo a los ideólogos de la dictadura del proletariado.

Esta crítica al comunismo fluyó constantemente bajo el cauce de *Ciclón*, y fue retomada en la reseña de Rodríguez Feo sobre el libro *El heroísmo intelectual*, de José Antonio Portuondo. Titulada "La dialéctica de José Antonio Portuondo," apareció en el número 3 de *Ciclón* de 1955. En su texto, Pepe calificó como un "acto de heroísmo" (51) que el autor publicara ensayos cuando el mundo cultural vivía una crisis del género. La crítica no era exclusiva de Feo ni sintomática de una corta visión intelectual, como podría pensarse hoy. Aún en la década de 1960, uno de los principales teóricos del ensayo, Theodor W. Adorno, lamentaba que en Europa el ensayo siguiera desprestigiado por ser considerado un producto ambiguo;

carente de una tradición formal; aunque se hubiera comprobado en varias obras la falla de tales presupuestos (241). Rodríguez Feo se acercó, con estos mismos prejuicios, al libro de Portuondo. Y, aunque aseguró que la selección temática del volumen había sido parte de un ejercicio sincero de su autor, lo acusó de ofrecer un cuadro parcial y engañoso en varios trabajos. Para el crítico, el sesgo se debía a que el pensamiento marxista de Portuondo era incompatible con su apreciación estética.

A la carga volvió Antón Arrufat en su texto "Acerca de Eugenio Florit," aparecido en el número 4 de 1956 (59-62). En su reseña sobre el libro *Asonante final y otros poemas (1946-55)*, se refirió a Florit como "poeta de emociones y de experiencias sencillas" (59-62), lo separó de los cultivadores de la poesía pura según las definiciones del abate Henri Brémond, pero calificó su obra de inestable, insegura, perecedera y carente del dominio técnico. Florit no fue un comunista reconocido, ni uno de los origenistas más activos. Pero sí había colaborado con varios trabajos y traducciones en la revista de Lezama y Rodríguez Feo.[20] Fue además un miembro destacado de la generación que protagonizó la serie de sucesos de oposición civil al gobierno de Gerardo Machado, conocida como la Revolución del 30 y que había estado nucleada alrededor de la *Revista de Avance*. Es llamativo cómo este ciclo de críticas que lo implicó siguió el mismo orden que el desencadenado en *Ciclón*, primero, contra los origenistas y, después, contra el INC. Textos de Rodríguez Feo o Piñera iniciaban el ciclo de críticas, y algunos de los más jóvenes colaboradores, en este caso Arrufat, las retomaban para dar el puntillazo. Es que los jóvenes intelectuales que orbitaban alrededor de *Ciclón*, su diálogo con los mayo-

---

[20] Florit, Eugenio. "Que están en los cielos." *Orígenes*, año 2, núm. 5, 1945, 12-13; "El otro ardor," año 11, núm. 35, 1954, 3-4; "Mi Martí," año 10, núm. 33, 1953, 3-4, entre otras traducciones y creaciones. Véase *Índice de las Revistas Cubanas*, T. 1. Hemeroteca e Información de Humanidades Biblioteca Nacional "José Martí", La Habana, 1969, 112.

res, jugaron un papel fundamental en la forma en que la revista logró afianzar ciertos temas y posturas, a pesar de su corta existencia.

Julio Rodríguez Luis, escritor nacido en La Habana en 1937, es poco conocido en Cuba, quizás porque salió hacia México y Estados Unidos con apenas 20 años. En su libro *Memoria de Cuba* contó que hasta agosto de 1960 pudo conocer a Lezama Lima, durante uno de sus breves regresos a La Habana. Antes no lo conoció "por tozudez," asegura, porque cuando hizo vida intelectual en La Habana, entre 1955 y 1958, "como pertenecía —bien que muy en los márgenes, escribiendo reseñas de libros y filmes— al grupo de la revista *Ciclón*, enemigo declarado de *Orígenes*, encabezado por Lezama, me negué a aceptar las invitaciones que me hicieron Alvar González-Palacios y Roberto Fernández Retamar para visitarlo" (127).

A pesar de que Rodríguez Luis se sintió al margen de *Ciclón*, fue uno de los colaboradores más asiduos de la publicación. Su testimonio demuestra que se ha valorado a la revista como un espacio literario, relegando acaso su verdadero carácter, más inclinado hacia los temas culturales de actualidad. El tipo de texto publicado por Rodríguez Luis, casi noticioso, fue el que más abundó en *Ciclón*. Su testimonio también pone sobre el tapete el valor que se otorga aún a ciertos géneros de divulgación literaria sobre otros, y es un estado de juicio donde el ensayo y la reseña que él cultivó en *Ciclón* quedan siempre mal parados. Su comentario afianza además la hipótesis de que la revista jamás funcionó como una revista de grupo, sino a partir de un núcleo conformado por Feo y Piñera, escindido geográficamente y alrededor del que gravitaban otros satélites de la literatura y la plástica cubanas, a muchos de los cuales los unía su abierta homosexualidad y su interés por transformar la literatura cubana, en un momento de extremas tensiones sociales.

Sólo en la sección Barómetro, aparecieron cinco reseñas firmadas por Rodríguez Luis. En el número 1 de 1956 evaluó *El hombre y lo divino*, de María Zambrano, como un "estudio del sentimiento religioso," cuya visión del mundo partía de la obra de Descartes (53). En la tercera aparición de *Ciclón* durante ese mismo año firmó la crítica a "Una nueva obra de Francisco de Ayala" (52-53), donde elogió al conjunto de seis narraciones reunidas en *Historia de Macacos* por la elegante imprecisión de los ambientes que funcionaban como espacio.

Durante 1956, Rodríguez Luis analizó la obra de autores cubanos en "Sobre un paisaje cubano," donde se refirió al libro de cuentos de Ernesto García Alzola, *El paisaje interior*, ilustrado por Jorge Rigol (núm. 4: 62-64). Publicó un texto titulado "La casa de Loló," sobre el volumen de memorias *Mi casa en la tierra*, de Loló de la Torriente Brau (núm. 6: 70-73). En el segundo número de 1957 tituló "Nueva Trampa para la Literatura Cubana" (60-62) una reseña sobre la novela *La trampa*, de Enrique Serpa. Y, excepto en su texto dedicado a la obra de Francisco Ayala, en el resto fue implacable con los autores criticados.

De *El paisaje interior* elogió el buen gusto y exactitud de Rigol como ilustrador. Pero calificó los cuentos de García Alzola como obras menores, a pesar de "la capacidad del autor para lograr personajes vitales" (62). Elogió la coherencia en la vida y obra de Loló de la Torriente, pero aseguró que su libro, *Mi casa en la tierra*, carecía de calidad literaria al no precisar la imagen de la casa en la que trataba de sostenerlo. Criticó las contradicciones de los personajes de Serpa en *La trampa*, aunque elogió la construcción de la vida habanera y el manejo de recursos literarios.

Incluida Zambrano, los autores criticados eran entes distantes del proyecto *Ciclón*. Debe recordarse que, aunque la filósofa española colaboró con el número de *Ciclón* dedicado a la muerte de Ortega y Gasset en 1956, se había negado en 1954 a ser parte del Consejo Editorial en los *Orígenes* dirigidos por Rodríguez Feo. Zambrano nunca ocultó su preferencia por Lezama. Así que, en este punto, los planteamientos críticos de Rodríguez Luis evidencian que la postura de la revista alcanzaba sus timbres más agudos y sus miradas más escrutadoras cuando se enfocaba hacia creaciones de autores ajenos al proyecto. Además de todos los textos mencionados, Rodríguez Luis firmó una de esas dos críticas cinematográficas que aparecieron también en Barómetro; un cuento lleno de humor, sobre el descubrimiento de la homosexualidad de un joven cubano, titulado "Proscenio" (núm. 5, 1955:17-20); y un ensayo en homenaje a la muerte de Mariano Brull, que apareció en el segundo número de 1956 (3-6).

Está por detallarse cuánto influyó la afinidad de Rodríguez Luis con Roberto Fernández Retamar para convertir a este último en el único colaborador activo de *Orígenes* que no sufrió ataques radicales en las páginas de la nueva revista. Retamar había sido profesor de Literatura Cubana de Rodríguez Luis en el bachillerato del Instituto Edison, un prestigioso colegio privado ubicado en La Habana. Julio lo consideró siempre "un maestro excepcional" (*Memorias de Cuba* 20), quien se acercaba a los alumnos con vocación por la literatura, para estimularlos y abrirles las puertas de su casa.

Este vínculo de Retamar con algunos ciclónicos, sus viajes frecuentes a México por esos años en que fue publicado, además de la calidad indiscutible de su obra poética, suenan como explicaciones plausibles para entender por qué fue el único origenista que no sufrió con fuerza los embates ciclónicos. Luis Marré publicó "Alabanzas a Fernández Retamar" en el número 4 de *Ciclón* de 1956 (56-57). En la reseña analizó el libro *Alabanzas, conversaciones*, publicado un año antes por El Colegio de México, y elogió que el poemario reuniera el trabajo emprendido por Retamar en esa década.

Marré se mostró como un verdadero conocedor de la obra del poeta. Comparó su libro más reciente con su anterior cuaderno *Patria*, concluyendo que, si en el primero se mostraba una apreciable influencia de poetas del neoclasicismo, en *Alabanzas, conversaciones*, Retamar había hallado una voz propia. Emparentó su estilo al de Martí, Unamuno, Borges y Gabriela Mistral, por la combinación que lograba de adjetivos rudos con sustantivos delicados y viceversa.

De las obras de todos estos autores mencionados, Retamar empleó, en *Alabanzas*, conversaciones, fragmentos como exergos de varios de sus poemas. "El regresado," por ejemplo, está precedido por una línea de *Historia de la eternidad*, de Borges ("el barrio mío, el preciso ámbito de la infancia"); mientras un verso de Martí ("que allí tuve un buen amigo") aparece como hipotexto en otro poema titulado "Hacia el anochecer." El léxico de las creaciones de Retamar, su estilo claro, que por momentos raya en lo coloquial, aleja notablemente sus creaciones del hermetismo origenista que había sido el centro de la mayoría de las críticas de *Ciclón*.

¿Por qué calificar esta mirada al poemario de Retamar como una excepción de la postura hipercrítica de *Ciclón* y no como prueba de su objetividad? Los criterios negativos predominaron en las reseñas dedicadas a los origenistas más conocidos como Gaztelu, Vitier y García Marruz, incluida Amelia Peláez, también al *Diario de La Marina* y el INC; mientras los elogios estuvieron destinados a Piñera, así como a algunas de las "víctimas" de Juan Ramón en *Orígenes*, como Vicente Aleixandre y Dámaso Alonso. Solo Retamar escapó de este esquema, y ya cuando *Orígenes* ha desaparecido como revista.

El mismo Marré reseñó, en el *Ciclón* 3 de 1955, "Un nuevo libro de Vicente Aleixandre" (53-54). Analizó el contenido de cada subcapítulo de *Historia del Corazón* y aseguró que el español se había desprendido de las referencias cósmicas que antes caracterizaron su obra, para regalar un libro imprescindible en toda su creación. Esta altiva conclusión y el tono de exaltación de la reseña sobresalen en un texto que fue escrito por encargo. El 23 de marzo de 1955, Aleixandre escribió una carta a Rodríguez Feo en la que elogiaba el formato y la composición de *Ciclón*. Criticaba, como de pasada y con sutileza, la viñeta de la cubierta, hecha por Mariano. Más adelante en la misiva confesaba su alegría por saber que en *Ciclón* iba a salir una nota sobre su libro *Historia del Corazón*, y encomendaba al autor de la reseña que subrayara la importancia de ese libro dentro de su obra. Aparecido el número con la mentada crítica, volvió Rodríguez Feo a recibir carta del poeta, donde agradecía, con mucho énfasis, el texto de Marré (citados en *Tiempo de Ciclón* 154-55).

El valor literario de las obras reseñadas en *Ciclón* es real. Pero entre el manejo elegiático de algunas y la crítica absoluta a otras, afloran dudas sobre la honestidad de la mirada crítica de la revista. Es que, la reseña apologética que escribió Luis Lastra sobre *Hombre y Dios*, de Dámaso Alonso, titulada "La intimidad de Dios" y aparecida en el último número de 1955 (72-74), alababa la carga autobiográfica que aparecía en el volumen del español; justo el mismo elemento que había criticado Piñera en *La letra como testigo,* de Salvador Bueno.

Según Julián Marías, en su ensayo "La imagen intelectual del mundo," publicado en el número 1 de *Ciclón* de 1955, la "imagen intelectual" de cada sociedad tiene origen en la ideología dominante. Para Marías las principales mediaciones en la conformación de ese ideal han sido la religión, los medios de comunicación, el amor, la seducción, pero también las expresiones del arte (26-28). A través de sus reseñas literarias *Ciclón* trataba precisamente de (re)conformar un intelectual cubano a su imagen y semejanza, mientras intentaba alejar a sus lectores de la imagen sagrada del creador origenista, católico y decente. En este intento por caminar lejos de los patrones del intelectual que el consenso parecía reconocer como aspiracional, tuvo que sacrificar algunos de sus propios ideales y reproducir ciertas fórmulas de influencias que antes había criticado. En cualquier caso, la nueva revista se encontraba a sí misma imposibilitada de ser el borrón y cuenta nueva en una isla donde el campo cultural era tan estrecho como la geografía.

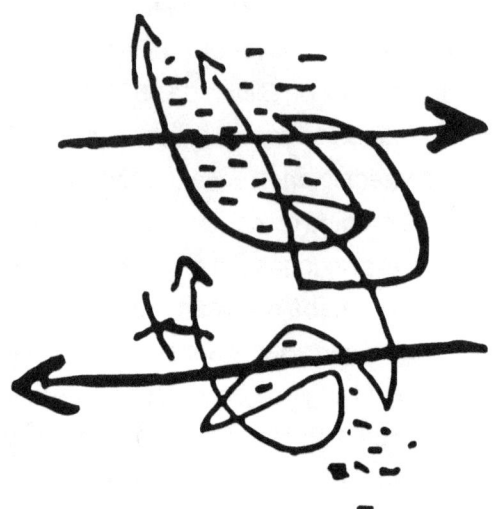

TESTIMONIO TEATRAL

Entre 1954 y 1958, el teatro cubano vivió un período conocido como teatro de salitas, debido al considerable número de salas de bolsillo que se abrieron en La Habana para cambiar definitivamente el rostro de la escena nacional. En esos espacios, entre los que sobresalieron la sala Talía, El Sótano, Atelier, Hubert de Blanck, se experimentó un incremento cuantitativo de la cartelera habitual. Y aunque esto no se tradujo en un salto cualitativo de la escritura, posibilitó que algunos dramaturgos nacionales llegaran con más asiduidad a ver sus obras puestas. La situación política del país era diferente a la de etapas anteriores, lo que generaba, a su vez, un cambio en los presupuestos culturales. El arte escénico asistía a un proceso en el que el teatro de arte y el comercial convivían y se turnaban en un delicado equilibrio que, según Carlos Espinosa, era imposible de mantener durante mucho tiempo (24-25).

En su antología *Teatro cubano contemporáneo*, Espinosa reconoce como un hecho fundamental en el auge teatral de estos años, el estreno de *La ramera respetuosa*, de Jean Paul Sartre, mediante un montaje de arena. La puesta se produjo en junio de 1954, en una de esas pequeñas salitas que proliferaron en el centro de La Habana. Estaba programada para permanecer en cartelera un fin de semana, pero se mantuvo durante ciento dos funciones gracias a la asistencia del público (25).

El hecho no tenía precedentes en la historia cubana, con una tradición relativamente breve si se compara con la de otros países del continente. La impronta de autores decimonónicos como Gertrudis Gómez de Avellaneda, Joaquín Lorenzo Luaces, José María Heredia o José Martí había sido mínima en el espacio teatral. La más prolífica del período, la Avellaneda, desarrolló su labor escénica sobre todo en España, acercándose a Cuba por muy breves períodos de tiempo.

El destino de sus creaciones dramáticas, para colmo, quedó suspendido ante el fracaso de las guerras de liberación. La frustración política que significó que Cuba pasara de ser propiedad de España a ser una república invadida militarmente por Estados Unidos a finales del siglo XIX, llegó aparejada de una coerción expresiva instituida por parte de los sucesivos gobernantes. Las manifestaciones del teatro vernáculo (que promovieron muchas funciones, pero poca profesionalización) ocuparon pronto el vacío creativo dejado por el incipiente movimiento teatral que le había precedido. Pero, a pesar del predominio del teatro de situación, los dramaturgos y actores no se libraron del control ideológico. Las notas de revisión de algunos libretos manuscritos de la época, como los de Federico Villoch, permiten constatar que, a pesar del dinamismo y del humor que caracterizó a la cartelera vernácula, sus obras también pasaban por el filtro de la censura oficial antes de que se les permitiera subir a escena.

El escenario del Teatro Alhambra (1900-1935) fue el más popular en la capital cubana. Su auge coincidió con el primer declive de espacios más antiguos como el Teatro Martí (1894-1972), donde las puestas de textos bufos y de zarzuelas habían hallado, hasta la década del treinta, su escenario predilecto. En Matanzas, provincia de amplia tradición cultural, el teatro Sauto hacía su parte como uno de los escenarios más importantes fuera de la capital habanera. Pero ninguno floreció como el Alhambra, donde se exhibían, noche tras noche, las obras de autores tan prolíficos como los hermanos Robreño, Federico Villoch, entre otros.

Debido al auge de estas puestas, más cabareteras que dramáticas, surgió, como contra parte, la Sociedad Pro Teatro Cubano, en 1905. El grupo se mantuvo trabajando hasta 1920, bajo la tutela del académico Salvador Salazar y con la colaboración del dramaturgo José Antonio Ramos. Pero, como era común en la primera mitad del siglo XX en Cuba, tuvieron que desempeñarse sin apoyo institucional y compitiendo contra las más populares representaciones vernáculas.

El panorama escénico comenzó a cambiar en la década de 1940. La Academia de Arte Dramático de la Escuela Libre de La Habana (ADADEL) cerró sus puertas en 1943. Pero algunos de sus alumnos continuaron la experiencia con la creación del grupo ADAD hacia 1945. En 1947, se fundó la Academia Municipal de Artes Dramáticas, bajo la dirección de Julio Martínez Aparicio. En octubre del mismo año apareció el primer número de la revista *Prometeo*, dirigida por Francisco Morín y dedicada íntegramente a la promoción de noticas y teoría teatral.

Un año después de la puesta en circulación de la revista, apareció el grupo Prometeo que llevó a escena el polémico estreno de *Electra Garrigó*. La publicación continuó apareciendo sistemáticamente hasta marzo de 1953. En ella Piñera publicó sus artículos "¿¿¿Teatro???" (2-3) y "¡Ojo con el crítico!" (28), ambos en 1948. En el primero analizó la ausencia de un movimiento teatral cubano, sin producción ni expresión propia. En el segundo se enfrentó a Luis Amado Blanco, por su postura desfavorable ante *Electra Garrigó*. Páginas antes, analicé la importancia de esta confrontación en el espíritu polemista de Piñera. Fueron además los mismos años en que se enfrentó con más fuerza a las ideas estéticas de Lezama Lima.

Aunque *Prometeo* no acogió después otros textos suyos, en 1951 sí publicó en dos partes su pieza *Jesús* (núm. 25 y 26). Para el crítico cubano Norge Espinosa "la propia aparición de la revista se alzó como un pilar invalorable de esa otra lid, que se sucedía ante el despecho de tantas opciones oficiales de cultura y culturas" (*Notas "en" Piñera* 48). Lo cierto es que el surgimiento de *Prometeo* revista y del grupo Prometeo eran parte de la transformación que se estaba produciendo en la escena nacional, síntomas de una primera profesionalización que se profundizaría más hacia la década de 1950. En medio de este ambiente, Rodríguez Feo y Piñera también reservaron espacio para la dramaturgia nacional.

El primer texto que *Ciclón* dedicó al teatro apareció en su primer número de 1955 y estuvo precisamente dedicado al trabajo del grupo Prometeo. Se trataba de una crítica a la puesta en escena de "Las criadas," dirigida por Morín, que tenía en su elenco a las actrices Miriam Acevedo, Dulce Velasco y Ernestina Linares. Otra vez Morín había apelado a la fórmula de teatro arena para hacer su puesta, y su elección fue muy criticada por Humberto Rodríguez Tomeu, autor del comentario. Tomeu arremetió además contra la baja calidad de la obra original de Jean Genet, aunque no mencionó el nombre del autor francés.

Años después, en 1961, Piñera sistematizó brevemente el proceso histórico que estaba aconteciendo en el teatro nacional en el momento en que apareció *Ciclón*. En su comentario "¿Por dónde anda lo cubano," aparecido en *Lunes de Revolución*, criticó las escasas puestas en escena que se hacían de dramaturgos nacionales en los años de 1950 (28). Aseguró que, durante toda la República, el público asiduo al teatro era capaz de reconocer nombres de autores extranjeros, como Jacinto Benavente o Marcel Pagnol porque eran quienes más presencia tenían en la cartelera. Esto se producía en total contraste con la presencia de dramaturgos cubanos como José Antonio Ramos, quien, a pesar de ser autores prolíficos, resultaban desconocidos en el país.

A pesar de esta perspectiva piñeriana, ni siquiera *Ciclón* pudo abstenerse de publicar también a esos autores europeos que, según Piñera, estaban demasiado presentes en Cuba. De Stephane Mallarmé apareció "Igitur o la locura de Elbehon," en el número 2 de 1955 (11-16). Se trata de una prosa poética donde abundaban imágenes visuales, descritas desde las sensaciones espectrales del protagonista. Una pieza escrita en 1869, que se oponía a la homologación entre la figura del Poeta y de Dios, reconocida por su traductor Agustín O. Larrauri como un teatro "metafísico," cuya lectura era trascendental para comprender la obra mallarmeana. De Mallarmé publicaron también "Herodias," en el número 2 de 1957. El poema dramático contenía alusiones a mitos como el de Narciso y Medea, alusiones que dialogaban muy bien con obras de otros autores aparecidas en *Ciclón* (15-25). Y en el número 3 de 1955 apareció, de Henry de Montherlant, el también poema dramático "Pasifae" (9-19). Fechado en "Noviembre de 1938," la obra pretendió conservar sobre todo la "significación moral" de la leyenda de Pasifae, como ser humano sometido al juicio de sus contemporáneos, sin importar la época en que aconteciera.

La diferencia con la cartelera nacional es que la presencia de esta tríada de textos dramáticos provenientes de Europa no demeritó el interés de *Ciclón* por divulgar esencialmente el teatro nacional, que escalaba rumbo a las nuevas salitas habaneras. Incluso hoy puede afirmarse que esos textos extranjeros fueron la influencia directa de una importante zona del teatro y de la lírica que se estaba escribiendo en Cuba en ese momento, una tendencia que influyó toda la tradición teatral cubana, en plena solidificación. La actualización de los mitos clásicos en el teatro contemporáneo producida por Mallarmé y por Montherlant halló correspondencia inmediata en obras como *Electra Garrigó*, a la que se sumaron *Antígona* (1955) y *Los siete contra Tebas* (1968), de Antón Arrufat y *Medea en el espejo* (1960), de José Triana. El diálogo se preserva en la obra de varios dramaturgos cubanos que, en el presente, aún se acercan sistemáticamente a estas heroínas, como Rogelio Orizondo y Yerandy Fleites, entre otros.[21] En definitiva, *revisitar* los mitos clásicos, no se trataba solamente de reconocerse como herederos de una tradición determinada. Ésta era también una estrategia para cuestionar las desigualdades e injusticias políticas de cada momento, sin necesidad de mencionar hechos concretos que pudieran poner en peligro a los autores. La politización del teatro como espacio de heterotopía cultural ha sido ampliamente reconocida (Foucault 22).

---

[21] *Jardín de héroes, Un bello sino e Ifigenia* forman la trilogía que escribió Yerandy Fleites, a principios del siglo xxi, para recrear las historias de Electra, Medea e Ifigenia, respectivamente. *Antigonón, un contingente épico*, de Rogelio Orizondo, es una de las piezas con más representaciones teatrales en Cuba en lo que va de siglo. La lista se extiende en la obra de los reconocidos como jóvenes o novísimos dramaturgos cubanos. Véase Fundora, Ernesto, "Maneras de ser Medea", *Tablas*, vol. LXXXVII, núm. 3-4, 2007, 38-52.

La crítica teatral comenzaba también a reconocer este discurso con mirada social. En el comentario "Teatro, 1955," firmado por Rine Leal en la quinta aparición de *Ciclón* se atacaba —otra vez— al Instituto Nacional de Cultura, en esa oportunidad por no proteger a los autores dramáticos (61-64). En el texto se criticaba que el Estado permaneciera completamente de espaldas a la realidad de los creadores. Leal mencionaba como excepción de esa política del descuido al Patronato de Teatro, que disfrutaba de "dos discriminatorios derechos:" una subvención mensual y la integración al Instituto Nacional de Cultura. Entendía que la solución estaba lejos porque no había disposición para "crear organismos estatales eficientes y duraderos, alejados de afanes burocráticos, sanear nuestros centros de estudios y crear otros en el interior de la Isla," ni para apoyar puestas en escena (63). El autor del texto es reconocido en la actualidad como uno de los principales estudiosos del teatro cubano del siglo XX. En su haber se encuentran las más trascendentes sistematizaciones históricas y críticas de la escena nacional, como *La selva oscura: de los bufos a la neocolonia (Historia del teatro cubano de 1868 a 1902)* (1975) y *Breve historia del teatro cubano* (1980). En el momento en que aparecieron sus dos colaboraciones en *Ciclón* era muy joven, escasos 25 años, y se desempeñaba como corrector de *Carteles* e *Información*. En esos medios de prensa compartía horario laboral con otros colaboradores como Cabrera Infante y Roberto Branly, aunque fue al estudio de la escritura dramática de Piñera a la que terminó consagrando buena parte de su trabajo posterior.[22]

---

[22] En la década de 1980, gracias a su labor como profesor del Instituto Superior de Arte contribuyó a que *Aire frío*, de Piñera, se insertara entre las lecturas obligatorias en los planes de estudio universitario. Como colaborador de la revista *Tablas* también publicó varios artículos dedicados a revalorizar la obra del dramaturgo, entre los que sobresalen "1985, ¿Síntomas de una recuperación?" *Tablas*, núm. 3, 1986, 55-59 y "Piñera en el recuerdo" *Tablas*, núm. 33, 1991, 57-61. En esas décadas, preparó además el prólogo y edición de un tomo con varias de las obras piñerianas (*Teatro completo*, 2002).

En "Teatro, 1955," Rine manejó tres ideas que hoy son fundamentales para comprender las complejidades que enfrentaba la
escena del momento. Primero, que los intentos de profesionaliza-
ciones del teatro hechos por ADAD, la Academia Municipal, Teatro
Universitario y Prometeo, encontraban terreno infértil en las afueras de la capital, donde en la década de los cuarenta y cincuenta,
seguía promoviéndose una cartelera totalmente vernácula (61). La
crítica explícita a la centralización intelectual de la isla funcionaba
obviamente como una crítica a la desigualdad social, al orden je-
rárquico de un sistema en decadencia. Segundo, que los directores teatrales, empeñados en formar un público asiduo, estaban
eligiendo para exhibir en sus salas obras con pegada garantizada.
Esto, a entender del crítico, incluía a La Habana en un circuito de
teatro comercial que tenía resonancias negativas, pero que la ex-
cedía geográficamente, al comprender capitales escénicas como
París, Nueva York y Londres (62). Tercero, que el movimiento teatral cubano debía conformarse paso a paso, potenciando primero
la escritura de piezas de calidad, que serían las verdaderas res-
ponsables de atraer al público, incluso aunque fueran exhibidas
con recursos técnicos y personal limitados (63).

En Cuba se estaba escribiendo un teatro de autor de elevada calidad. Se experimentaba con el absurdo, se reescribían los mitos, comenzaba a recurrirse a los conflictos familiares como metáfora de los
males sociales.[23] Pero los directores no estaban dispuestos a arries-

---

[23] Se producía una renovación de la dramaturgia nacional, que a la larga fue conocida como teatro de transición. Esta transición se definió por la transformación del espacio dramático producido por el auge de las salitas; pero sobre todo
por la llegada de nuevos temas a las obras teatrales que se estaban escribiendo en la isla. José Antonio Ramos había concluido, en 1916, su muy conocida
Tembladera. Allí retrató la preocupación de un núcleo familiar cubano por no
ceder sus tierras a las presiones de los nuevos terratenientes estadounidenses. Su obra se reconoce como adelantada de la dramaturgia que floreció en
la Cuba de los años cincuenta, porque una y otras pusieron en el centro de sus
representaciones los conflictos de la familia como paradoja de los males so-

garse con la puesta en escena de esas piezas nuevas. Los pocos que se decidían concebían montajes sin la suficiente calidad para atraer público nuevo, o debían enfrentarse a que la tradicionalista crítica cubana no estuviera lista para valorar la experimentación. El teatro cubano funcionaba como serpiente que se mordía constantemente la cola, para reproducir lo peor del vernáculo antes que optar por lo mejor de las nuevas dramaturgias.

Como muestra de esta calidad que abundaba en el horizonte dramático de la Isla, como muestra de las representaciones críticas de la vida diaria que comenzaban a sucederse y como muestra de la sombra ideológica que la guerra fría esparcía sobre el país, apareció en el sexto y último número de *Ciclón* de 1955, la mentada pieza *Los siervos* (9-29), de Virgilio Piñera. El ejemplo es perfecto, porque resume las posturas ideológicas de la revista y porque tuvieron que transcurrir cuarenta años antes de su estreno en Cuba, lo que también muestra cuán acertada era la crítica de Rine Leal sobre el fatuo destino de la dramaturgia que se escribía en esos años.

DECORADO: Un despacho. Óleo de Lenin al fondo. A la izquierda, óleo de Stalin. A la derecha, gran mapamundi. Debajo del cuadro de Lenin, mesa de trabajo. Al centro de la escena, cuatro butacas de cuero rojo. Junto a una de las butacas, una lámpara de pie, encendida. Orloff, Fiodor y Kirianin están sentados en las butacas.

ESCENA PRIMERA

ORLOFF. Fiodor. Kiriarin.

ORLOFF: Acá entre nosotros: confesemos, camaradas, que Nikita es un maestro. ¡Declararse siervo a estas alturas! Dialécticamente tal cosa no es posible, y sin embargo...

---

ciales. Como representativa de esta corriente puede citarse a *Electra Garrigó*, de Piñera, además de *La hija de Nacho* (1951) y *Lila la mariposa* (1954), de Rolando Ferrer; *Requiem por Yarini* (1956), de Carlos Felipe.

FIODOR: Puede ser una conspiración.

KIRIANIN: Imposible, camarada. El miedo te hace ver fantasmas. Toda la tierra y todos los hombres están comunizados. *(Pausa)* Parece que el camarada olvida el triunfo de la revolución mundial. ¡Y en toda la línea!

ORLOFF: Camarada Kirianin, no perdamos el tiempo relatando lo que ha hecho el comunismo en un siglo. Discutamos las medidas a tomar con el camarada Nikita.

KIRIANIN: ¡Nikita! ¡Nikita! De Nikita a nikitismo sólo hay un paso. Y entonces, ¡la debacle! (9)

La pieza recrea un momento hipotético en que los ideólogos soviéticos quieren declararse abiertamente como "siervos serviles," para que todos sepan que la Revolución no es equitativa, sino que, como regímenes pasados, tiene sus propios esclavos. La presencia de un héroe, encarnado en el camarada Nikita, y la declaración abierta de servilismo son las únicas acciones que podrían originar una nueva revolución. Pero como los jefes soviéticos fueron obreros revolucionarios alguna vez, conocen estas artimañas, y logran detener una y otra vez la nueva lucha. El argumento de la obra, abiertamente anticomunista y, sobre todo, antisoviética, ensayaba sobre la nueva forma de poder encarnada tras la aparente equidad del sistema socialista. Denunciaba las formas de esclavitud ocultas tras la dictadura del proletariado. Fueron estas mismas características de su discurso las que, seis años después, determinaron que Piñera excluyera a *Los siervos* de su primera edición de *Teatro completo*, que él mismo organizó bajo el sello de Ediciones R. Él dirigía esa editorial para la fecha por lo que es posible afirmar que la determinación de excluir *Los siervos* fue totalmente suya. La macabra decisión de dejarla fuera de su libro la explicó en su artículo "Diálogo imaginario," publicado en marzo de 1960 en el suplemento *Lunes de Revolución*:

SARTRE. Usted emplaza a Jarry, pero olvida emplazarse a usted mismo. ¿Cómo justificaría su pieza *Los siervos*?

PIÑERA. Comenzaré por desacreditarla, y con ello no haré sino seguir a aquellos que, con harta razón, la desacreditaron. A pesar de ser un hijo de la miseria, me daba el vano lujo de vivir en una nube... Por otra parte, el ejemplo de la Revolución rusa seguía siendo para mí un ejemplo teórico. Fue preciso que la Revolución se diera en Cuba para que yo la comprendiese. Por supuesto, esta falla no abona nada en favor mío. Cuando los estudiantes dicen que la mayoría de los intelectuales no nos comprometimos, tengo que bajar la cabeza; cuando los comunistas ponen a *Los siervos* en la picota, la bajo igualmente. Pero no crea...Todo escritor tiene en su haber un Roquentin más o menos. (39-40)

A pesar de estos rechazos posteriores, promovidos por el espíritu que se vivió en Cuba en los setentas, la escritura de *Los siervos* y su publicación en *Ciclón*, en 1955, consolidaron a Piñera entre las más auténticas voces cubanas del absurdo y afianzaron su postura negadora como principio filosófico básico de su poética. Al decir de Rine Leal en el prólogo "Piñera todo teatral," "las mejores obras de Piñera ofrecen esta estructura en la que se producen analogías, repeticiones, interrupciones temporales, claves ocultas, vueltas en redondo, exorcismos y ceremonias, convenciones y novedades" (XIV). Una lista que define con exactitud el valor estético y las estrategias empleadas por el autor en *Los siervos*.

David Leyva, en *Virgilio Piñera o la libertad de lo grotesco* asegura que es una obra de tesis, escrita en un momento que en el comunismo ruso aún no podía librarse de la égida de Stalin, fallecido en 1953. Leyva comenta que "la obra se encuentra en un contexto futurista utópico, en un supuesto momento donde el comunismo se ha expandido a todos los países del mundo, y en el cual un régimen mundial, totalitarista igualitario, proclama la existencia del mejor de los mundos posibles" (198). Para el investigador cubano, la base teórica de la obra subyace en *El pensamiento cautivo*, de Milosz.

Los siervos fue el diálogo crítico de Piñera con la ideología soviética, un diálogo generado a partir del debilitamiento de la imagen del comunismo y bajo la influencia de sus propias lecturas, algunas de las cuales están incluidas en *Ciclón*. Y gracias a la revista se sabe que entre esas lecturas pudo estar, efectivamente, *El pensamiento cautivo* de Czesław Milosz, como sugiere Leyva. Porque Piñera reseñó el libro del polaco un año después de publicar su pieza dramática,[24] pero el volumen había aparecido editado por la Universidad de Puerto Rico en 1953. Pero esas lecturas pudieron ser también las diferentes versiones de *Contra los poetas*, de Gombrowicz sumadas a la propia ideología del polaco.

En cualquier caso, estaba en el aire esta idea de la explotación del hombre por el hombre, como exceso de todos los sistemas políticos y sin importar la ideología. En *Ciclón* fue abordada también en la narración de Leslie Fajardo, titulada "Mumson," aparecida en el número 1 de 1957. En el cuento, el narrador en tercera persona refiere la historia de Mumson, un hombre de cara bella y cuerpo deforme, "superior a todos los hombres, aunque hace mucho tiempo fue inferior" (18). La descripción de las deformaciones físicas del personaje adquiere relevancia como estrategia narrativa que devela su carácter. El personaje posee tal frialdad que pasó de ser obrero en una fábrica a ser jefe de una rebelión. Pero, alcanzada la victoria, se convirtió en el dueño de la fábrica, y no dejó que sus obreros se revelaran de nuevo.

La imagen grotesca que se extiende, de alguna manera, hasta movimientos como el surrealismo, donde el humor decae en detri-

---

[24] Piñera, Virgilio. "El pensamiento cautivo." Sección Barómetro, *Ciclón*, vol. 2, núm. 4, 1956, 64-66. Sobre el libro reseñado véase Milosz, C. *El pensamiento cautivo*, Universidad de Puerto Rico, 1953.

mento de una afinidad mayor hacia la angustia, han sido elementos señalados por Leyva en su análisis estético sobre *Los siervos*. Los mismos que pueden extrapolarse al cuento de Fajardo. Mas la decepción ante el nuevo orden del mundo adquirió en su caso tintes más dramáticos. Una nota a final del cuento "Mumson" anunciaba que Fajardo se había suicidado en 1956, a escasas fechas de haber cumplido 18 años:

> Aparte de una bien asimilada influencia de Kafka, se observa en la breve narración utopista de Fajardo una anormal lucidez que pocos hombres pueden reflejar a edad tan temprana. Pero no es sólo ese mérito, es el testimonio de un indeterminado malestar interior que llevó al autor al suicidio. (21)

El fracaso de la utopía estaba presente tanto en *Los siervos*, de Piñera, como en "Mumson," de Fajardo. Fajardo era de la occidental provincia de Pinar del Río, pero estudiaba periodismo en La Habana, escuela donde fue compañero de Sabá Cabrera Infante. Fue mediante Sabá que llegaron sus cuentos a manos de Guillermo Cabrera Infante, el hermano mayor y, para entonces, ya un exitoso periodista. Pero este los revisó solo después de saber la noticia del suicidio. Cuando Roberto González Echavarría rastreó el primer cuento de Severo Sarduy que se había publicado en 1957, encontró en la nota introductoria del relato una alusión a Leslie Fajardo, al que se nombraba como ejemplo "malogrado" de su generación literaria. Gracias al intercambio entre González Echevarría y Cabrera Infante a propósito de esta sencilla mención, es posible saber hoy que la nota que acompañó a "Mumsom" fue escrita por el autor de *Tres tristes tigres*. En carta del 22 de septiembre de 1979, dirigida al investigador Roberto González Echevarría, Cabrera Infante describió a Leslie como un pobre muchacho, que estudiaba periodismo junto a su hermano. "Estaba lleno de contradicciones, algunas literarias. Admiraba a Hemingway, por ejemplo, pero sus cuentos eran absolutamente kafkianos, a quien no conocía. No lo conocí." Contaba Cabrera Infante que le había enviado dos cuentos mediante el hermano, antes de irse a unas vacaciones de verano de las que nunca regresó. Después de estar toda la noche leyendo, Fajardo tomó la pistola de su padre, que era policía, y se suicidó. Agregaba que nunca se supo por qué se había matado, "pero yo, que conozco los dobles gajes de la adolescencia y del suicidio, sospecho que fue un acto gratuito. Siempre me sentí culpable con él porque pude haber leído esos cuentos antes de que se fuera al Mariel. Los publiqué los dos, uno en *Carteles* y el otro en la revista *Ciclón*, de Rodríguez Feo" (citado en "El primer relato de Severo Sarduy" 74).

La carga ideológica que los cicloneros identificaban en el proceso de escritura, incluido el de la ficción, es abrumadoramente evidente en la postura de Cabrera Infante. Entre surrealista y románticos, fueron capaces de emparentar la actitud del personaje de Mumson con el suicidio de Leslie Fajardo, cuando en la nota de introducción del cuento escribieron que la historia era "el testimonio de un indeterminado malestar interior que llevó al autor al suicidio." Parte de esta misma forma de comprender la literatura como forma de vida fue la disculpa que expresó Piñera por la ideología expresada por Nikita en *Los siervos*, un arrepentimiento que lo llevó incluso a renegar de la obra. Si sus cuitas personales influyeron en las perspectivas críticas sobre la literatura que exhibió *Ciclón*, su creencia en la literatura fue una forma de vida. La pasión por la escritura viva era precisamente la única capaz de romper todos los límites éticos de la revista.

OTROS CICLOS DRAMÁTICOS

Las piezas y críticas teatrales publicadas en *Ciclón* funcionaron a partir de los mismos mecanismos endogámicos de los que trataron de desprenderse Piñera y Rodríguez Feo al anunciar el carácter irreverente de la revista en el editorial "Borrón y cuenta nueva." La presencia de teatro cubano en *Ciclón* también puede representarse como un ciclo cerrado porque la mayoría de los trabajos críticos estaban dedicados a analizar puestas en escena de obras que la misma revista había publicado antes. Solamente sobre *Los siervos* no apareció comentario alguno. Pero esto se debió a que no fue estrenada en Cuba hasta diciembre de 1998, por Teatro de La Luna, y bajo la dirección de Raúl Martín, después de un largo período de silencio.

Paradójicamente, la rechazada por su autor, la de estreno más dilatado, la cuestionada por la ideología revolucionaria de los años sesenta, ha sido una de las más reconocidas en el (contra)canon teatral cubano, emergido especialmente desde los años noventa. De hecho, Virgilio Piñera, aunque no se dedicó exclusivamente a la dramaturgia, aunque publicó cuento, poesía y ensayo es aclamado como uno de los autores teatrales más importantes de la Cuba del siglo xx. Entre los colaboradores de *Ciclón* es seguido, con desventajas, por Antón Arrufat, dúo al que debe sumarse José Triana, a pesar de que en la revista solo publicó poesía.[25] O sea, que la presencia de teatro

---

[25] Sumo el nombre de José Triana; porque aunque en *Ciclón* sólo publicó poesía se sabe que por esa fecha había comenzado a escribir teatro. En 1950, comenzó a estudiar Filosofía y Letras de la Universidad de Oriente. Allí tuvo como profesor a Ezequiel Vieta. Asegura que en 1952 leyó el poema *La Isla en peso* de Virgilio Piñera, y que en ese mismo año conoció a Piñera y a José Rodríguez Feo, que estaban de paso por la Universidad de Santiago de Cuba. Es probable que Triana haya confundido esta fecha y que haya conocido a los creadores de *Ciclón* en 1954, en una gira que dieron por Oriente, cuando ya la revista se esbozaba como proyecto (*De vuelta y vuelta* 118). Fue, de hecho, en 1954 cuando comenzó a escribir teatro, después de haberse sentido impactado por la puesta de *Las criadas*, dirigida por Francisco Morín, la misma que fue reseñada en el primer número de *Ciclón*, por Humberto Rodríguez Tomeu. Cuando Triana

cubano en la revista influye en la impronta de la dramaturgia cubana no solo de un periodo determinado, sino de todo el siglo.

En definitiva, la inclusión de crítica teatral y de piezas dramáticas en *Ciclón* es, de por sí, un sello distintivo, que funcionó también como distinción antiorigenista. La nueva revista apostaba así por una de las expresiones literarias con más corta tradición en Cuba. La sección Teatro que se inauguró con *Los siervos* volvió a aparecer en el número 2 de 1956, con una pieza de Ramón Ferreira, titulada *Donde está la luz* (51-83). Del autor había sido publicado, en el número 2 de 1955, el cuento "Juan de Dios," en el que un joven con limitaciones físicas cuenta, en tono íntimo e ingenuo, su historia y la de su hermano, el marinero Juan de Dios (3-6). La trama se concentra en el descubrimiento del amor adolescente que experimenta Juan de Dios a través de su hermano, y emplea abundantes alusiones religiosas, metáforas del mar como espacio de libertad. Volvió a presentarse una colaboración de Ferreira en el número 4 de 1956, cuando apareció el cuento "Un color para este miedo" (17-24). En esta segunda narración, el autor alterna fragmentos de extensos diálogos con un soliloquio del protagonista. Ferreira trataba de experimentar con las formas del género, desatándose de una única voz narrativa, para plantear la existencia de un triángulo amoroso que se había disuelto de forma violenta. La experimentación formal era tan importante para los propósitos del autor que este marcó las transiciones de una escena a otra con líneas de puntos. A la postre, el recurso resulta más efectista que revolucionario, pero es parte de las búsquedas narrativas de estos años.

Los cuentos de Ferreira compartieron con su pieza teatral *Donde está la luz* el énfasis en la descripción y enunciación del escenario:

---

publicó sus primeros poemas en la revista, en 1955, trabajaba como asistente del director de teatro Trino Martínez Trives, en el grupo Dido (Véase Triana, José, "Cronología", en línea: http://www.cervantesvirtual.com/portales/jose_ triana/autor_ cronologia/, consultado: 3 de enero de 2016).

Cuba, y específicamente su zona costera. Aunque en el conjunto, el autor consideró innecesario nombrar una ubicación geográfica específica como espacio para sus textos, ésta aparece implícita en las referencias al clima cálido, a la luz recurrente de un faro, también en la descripción de las viviendas y de las costumbres de los personajes.

> JUAN: No sé lo que es, pero hay algo. Algo que no tenemos... que antes no importaba. A veces me despierto y me doy cuenta que sigo esperando. Hay algo. Pero no es lo que tengo.
> ADELA: Entonces, no es suficiente. Yo no soy suficiente.
> JUAN: No es eso. Te quiero y me basta. Pero...
> ADELA: ¿Pero?
> JUAN: Eso es lo que quisiera saber.
> ADELA: Sólo me importa una cosa. ¿Me sigues queriendo?
> JUAN: Claro. (57)

Donde está la luz es una obra en tres actos. En su desarrollo, Adela asesina a Manuel, el novio de su hermana Elena, porque cree que ésta ha sido ultrajada por él. Pero Elena confiesa que ha sido violada en realidad por Juan, esposo de Adela. Cada confusión culmina en un asesinato. A pesar de que puede identificarse el uso de algunas expresiones lingüísticas típicas del español cubano, el fragmento anterior muestra que Ferreira trató de construir su drama empleando un lenguaje de elevado registro poético, que, por momentos, afecta la verosimilitud de la historia.

Los cicloneros la publicaron a pesar de sus dudas sobre la importancia de la obra en la producción teatral cubana. Para Feo la inserción de un texto de Ferreira en la revista significaba reunir al "rebaño ciclónico," descontar enemigos origenistas y molestar a Zéndegui, que había programado para más tarde el estreno exclusivo de *Donde está la luz*, en la sala de teatro del Palacio de Bellas Artes, sede del Instituto Nacional de Cultura. El 24 de abril de 1956, Rodríguez Feo escribió a Piñera que "la obra de Ramona [Ramón Ferreira] va el 27 pero ya *Ciclón* está en manos de todos. Así que ha sido un triunfo para *nous*. Se cogió el culo con la puerta" (*De vuelta y vuelta* 160). ¿El afectado fue Zéndegui o el propio Ferreira? Es un dilema que no queda aclarado al revisar la correspondencia entre Rodríguez Feo y Piñera, debido al tono que emplean siempre para referirse a Ferreira.

Quizás por estas oscuras motivaciones, la crítica de Niso Malaret, aparecida en la sección Barómetro un número después, fue muy poco condescendiente con la propuesta dramática (núm. 3, 1956:55-56). "Donde está la luz," firmada por Malaret, elogió la escenografía realizada por otro colaborador de *Ciclón*, Luis Lastra; pero criticó las actuaciones y el escaso sustento de la trama para sostenerse durante tres actos: "*Donde está la luz* nos demuestra a Ramón Ferreira tratando de forjar teatro con las herramientas del cuento corto. Es su primera obra y esperamos que esta experiencia le haya demostrado que el drama se persigue por otro paso más antiguo y más difícil que el que conduce a la prosa" (56).

Producir esta crítica directa parece haber sido otro de los objetivos de publicar la pieza, porque, queda claro que, tanto Rodríguez Feo como Malaret, estaban conscientes de las carencias de la obra dramática de Ferreira. Carlos Espinosa nombró, entre "otros autores de estos años que merecen citarse" a Matías Montes Huidobro, José A. Montoro Agüero y Gloria Parrado (*Teatro cubano contemporáneo* 27). Aunque ninguno de ellos apareció publicado en las páginas teatrales de *Ciclón*, la revista contó con la *sui generis* colaboración de uno de los imprescindibles dramaturgos de esta década, Rolando Ferrer, quien participó como crítico teatral y narrador.

La crítica que escribió Rolando Ferrer sobre *Desviadero 23*, una de las piezas más conocidas de José Enrique Montoro, apareció en la sección Barómetro, del número 5 de de 1956 (55-57). En el comentario achacó la responsabilidad del fracaso de *Desviadero 23* a su propio autor, y a su desconexión social. Llama la atención la similitud que existe entre los criterios expresados por Ferrer sobre Montoro y los de Malaret sobre Ferreira. El primero escribe:

> Esperemos que, una vez aceptada su responsabilidad como dramaturgo, el señor José Enrique [sic] Montoro Agüero desarrolle la actitud crítica necesaria para comprender que, el fermento de lo cubano, su emoción y su color, no se logran recurriendo a las reiteradas presencias de Hoteles Comodoros, Nite-Clubs Tropicanas y otras policromías para turistas sin otra función en la obra que localizar. Los temas están, queda al artista el resto. (56-57)

Estas semejanzas delatan o bien la intervención de los editores en los textos o bien las pocas herramientas para hacer valoraciones teatrales con que contaban los críticos del período, y sobre las que Piñera había reiterado sus preocupaciones, sin percatarse de que él tenía las mismas limitaciones para hablar, por ejemplo, de cine. A pesar de que Ferrer estaba comentando la puesta en escena, dirigida por Ramón Antonio Crusellas y promovida por el Patronato del Teatro, se concentró casi exclusivamente en los elementos literarios del drama original. Reprochó "el desconocimiento del campo como expresión literaria," y la estructura dramática elegida por Montoro, donde se ubicaba como secundario "el conflicto de la tierra" y "el planeado despojo por parte de fuerzas políticas" (56).

Ferrer "leyó" la obra a partir de sus propias preocupaciones sociales. "El conflicto de la tierra" que menciona como ausente en la obra de Montoro es, de hecho, una de las principales características de su propia apuesta dramática. La mirada acusadora que Ferrer empleó con recurrencia en contra de fuerzas políticas y estructuras sociales centró piezas suyas, como *La hija de Nacho* (1951) y *Lila la mariposa* (1954), y también apareció sugerida en su composición lírica "Expediente de Guanajo," publicada en el número 4 de *Ciclón* de 1956 (43-44). El vicio, la entrega desmedida a los juegos de azar son algunos de los males de la sociedad cubana del siglo XX que Ferrer denuncia constantemente en sus obras. En "Expediente del Guanajo" específicamente, el autor mezcló la poesía estrófica y la prosa poética para referir la historia de Guanajo, personaje principal, que murió el día que en la lotería nacional dictó ciertos números. La primera parte del texto es una poesía estrófica, de métrica irregular. Es narrativa y posee rima consonante. Su tono recuerda por momentos el tono de las canciones infantiles tradicionales. Cuando Guanajo, personaje principal, muere, la composición pasa a prosa poética para explicar las causas del deceso: las criadas contaron a Guanajo que todos sus antecesores habían muerto en condiciones similares, y éste parece solo seguir su tradición o resignarse a su destino.

Desde su aparición como narrador y también como crítico, el de Ferrer es uno de los nombres que engalanan la lista de colaboradores de *Ciclón*. Su ineficacia como observador, sin embargo, hace pensar en que estaba participando de un proyecto dramático y artístico en plena transformación, carente de una crítica profesional. A diferencia de la crítica de artes plásticas, por ejemplo, que había tenido en Cuba una tradición más extensa y expertos comprometidos como Guy Pérez Cisneros o el propio Rodríguez Feo, la crítica teatral tenía como limitaciones fundamentales el hecho de que los dramaturgos eran quienes más la practicaban y que, además, se estaba transformando la escena nacional, lo cual demandaba también un cambio en las fórmulas de valorarlas.

Sin un movimiento escénico sólido, en un campo cultural en crisis y muy politizado era común que se transparentaran estas limitaciones. Malaret, por ejemplo, que en uno de los *Orígenes* dirigidos por Feo había publicado su narración "Cristo visita a Marta," en el último número de *Ciclón*, aparecido en 1956, firmó la pieza teatral *Anuncia Freud a María* (57-69). Aunque la semejanza entre los títulos es innegable, la diferencia entre ambos textos radica en el empleo de diferentes géneros literarios, pero también en los núcleos dramáticos de sus historias, así como en la claridad de las tramas. El cuento,

"Cristo visita a Marta," posee un narrador en tercera persona, transcurre en la playa de Varadero, donde coinciden varias damas de alta sociedad y el matrimonio apellidado Grieta, un día en que se ahoga un leproso (27-37). El predominio de diálogos, de fragmentos inconexos y el desorden cronológico de la trama convierte a la narración en un ejercicio de escritura a medio concretar, que resulta, por momentos, difícil de comprender. La obra teatral es, sin embargo, casi naturalista, a pesar de su título.

Anuncia Freud a María formó parte del número especial dedicado a homenajear a Sigmund Freud. Fue escrito por encargo de Rodríguez Feo. La pieza presenta una reescritura del mito bíblico de la anunciación de María, pero bajo la sombra del psicoanálisis. La protagonista, María quiere un hijo y como su esposo no quiere tener sexo con ella, opta por ser infiel. Las indicaciones de la puesta aparecen al final de la obra. El autor recomienda a un presunto director "(con) fundir" tiempos y espacios, sobre todo a través del diseño de un vestuario medieval para María. La confusión sugerida para el montaje se repite como recurso literario. Freud, mencionado en el título, no aparece ni siquiera como personaje referido en la pieza. Esto hace sospechar que el único objetivo de una obra como esta fue contribuir a la conformación del número especial de *Ciclón*, incluir una obra dramática en el mismo, o sea, no dejar el teatro fuera de un número que recoge, efectivamente, todos los géneros literarios.

Entre las piezas dramáticas aparecidas en la revista, una que sí tuvo vida propia y que de hecho fue estrenada antes de su publicación en *Ciclón* fue *El caso se investiga*, de Antón Arrufat, incluida en la segunda y última aparición de la revista en 1957 (41-59). En ese mismo número se publicó además la crítica de Rine Leal, "Dos farsas cubanas del absurdo," donde se reseñaban los montajes de esa misma pieza de Arrufat y de *Falsa alarma* de Piñera, subidas a escena, en fecha cercana, en el Lyceum de La Habana (65-67).

La trama de la farsa firmada por Arrufat es aparentemente sencilla: una esposa se enfrenta a juicio porque ha envenenado a su esposo con tal de callarlo. Su único interlocutor es el juez. Los dos personajes construyen varios e hilarantes equívocos, todo gracias al uso desenfadado del lenguaje. La similitud con la estructura y sistema de personajes de *Falsa alarma* es evidente. Ambas obras entraron a la historia del teatro cubano de la mano, no sólo por su vínculo con *Ciclón* también porque fueron llevadas a escena a la vez, en una especie de pequeño festival del teatro del absurdo que tuvo lugar en 1957. Fue en esta tendencia literaria compartida y en las coincidencias, en las que concentró Rine Leal el análisis de su crítica:

> El estreno en la sociedad Lyceum de dos farsas cubanas en un acto ha servido para presentar una vez más ante nuestro público a quien puede ser denominado nuestro mejor (y casi único) dramaturgo Virgilio Piñera, y para la aparición de un joven poeta santiaguero, Antón Arrufat, ambos probando fuerzas en un género que parece llamado a contar muy bellos días: el teatro del absurdo. Por lo tanto, lo lícito es comenzar con una indagación del absurdo. (65)

En su texto, el crítico señaló al surrealismo como fuente primera del absurdo, y aseguró que su presencia no era exclusiva en las obras dramáticas porque podía identificarse en las novelas radiales, en las folletinescas, en las detectivescas y en los finales de Hollywood (65). La definición adquiría relevancia en esos años. En 1957, por ejemplo, se publicó el libro *O grotesco*, donde Wolfang Kayser produjo un acercamiento semántico al término. Y por las fechas de publicación de los principales textos de Bajtín es posible afirmar que su ejercicio de pensamiento al respecto se producía, precisamente, desde estos años.[26] Esta relación entre el surrealismo y el grotesco se mostraba

---

[26] *La cultura popular en la Edad Media y el Renacimiento: El contexto de François Rabelais* se tradujo por primera vez al español en 1971. Su primera edición en ruso data de 1965.

de manera más clara en el interés político del arte, y en su necesidad de presentar el cuerpo deformado de la sociedad, pero desde las escenas de su realidad. No debe olvidarse que buena parte de los intelectuales cubanos suponían que estaban fundando su patria también desde las diferentes manifestaciones artísticas. Y tampoco debe olvidarse la inclinación de *Ciclón* por los textos surrealistas y por la figura de Freud.

Rine Leal lamentó que, a pesar de la superioridad de la pieza de Piñera, la dirección de Julio Matas tuviera un mejor resultado al llevar a escena la obra de Arrufat. "La presentación de esta farsa [*El caso se investiga*] navegó con mejor suerte que la primera. Matas supo esta vez dar a la pieza mejor movilidad y gracia, más soltura y amplitud" (67). Digamos que la crítica también tuvo mejor movilidad y gracia que sus predecesoras publicadas en *Ciclón*. Se trata de un texto objetivo, que separa los elementos literarios de los formales, concernientes exclusivamente a las puestas. Rine Leal era ese autor con múltiples herramientas de valoración tan añoradas por Piñera para la crítica teatral cubana. De ahí que logre hacer un análisis de la puesta de Mata sin ir en contra de los elogios desplegados en la revista hacia la obra de Piñera.

Ciclón desapareció después de este número publicado en 1957, el último de los cuales tuvo, como se ve, una fuerte inclinación hacia el teatro y la crítica teatral. Los motivos del eclipse de la revista son imprecisos, aunque se sabe que conspiraron la situación política del país y la situación económica de Rodríguez Feo. La mirada teatral del espacio también quedó trunca ante ese irremediable silencio. Pero la importancia que tuvieron algunas de las piezas y autores publicados por primera vez allí, la relevancia de los críticos y de algunas de las obras reseñadas la convirtieron en una ficha fundamental para la profesionalización del movimiento teatral cubano de la década. Como conjunto, las obras dramáticas aparecidas en sus páginas representan una de las muestras más relevante de las letras cubanas del período. Puede decirse que la divulgación que desplegó *Ciclón* de las artes escénicas sólo fue comparable con el riesgo que asumió al presentar a autores cubanos totalmente desconocidos hasta entonces. Porque, antes de morir prematuramente, la revista había legado al panorama cultural nuevas firmas, pero también renovadoras lecturas de autores clásicos, acercamientos polémicos a obras hasta entonces (in)justamente canonizadas y otros manjares culturales. El teatro diversificó la apuesta genérica de la revista, validó sus pretensiones de mover el campo cultural cubano, especialmente el campo literario y, hacia lo externo, contribuyó con la conformación de un canon teatral que iba desde la crítica hasta la escritura dramática y el montaje.

¿TRES? NÚMEROS ESPECIALES

Sólo dos números especiales tuvo *Ciclón* en sus tres años de vida (1955-1957) y catorce apariciones consecutivas. Uno de esos números fue el que inauguró 1956, y en el cual Reyes se negó a participar, a pesar de que este estaba dedicado a la impronta de la filosofía de José Ortega y Gasset en el mundo occidental. El otro, clausuró ese mismo año, con un extenso homenaje dedicado a la vigencia de psicoanálisis, especialmente a la figura de Sigmund Freud. A estos dos podría sumarse, sin dudas, un tercero, el único número que vio la luz en 1959, dedicado a celebrar el triunfo de la Revolución. Aunque recomiendo leer este último como un punto y aparte drástico en la historia de la revista, debido a su carácter conclusivo, a la disruptiva transformación del contexto social en que nació, así como a su aislamiento del corpus general.

Los dos números especiales aparecidos en 1956 son trascendentales para comprender la política editorial seguida por *Ciclón*, así como su importancia histórica. Éstos desnudan la recurrencia de algunas de las preocupaciones temáticas, filosóficas y estéticas analizadas hasta aquí. Pero también muestran el autoreconocimiento del "rebaño ciclónico" en ciertos discursos artísticos, en crisis a mitad del siglo XX. Permiten además especular sobre las influencias que la revista ejerció en las poéticas de autores implicados en su producción y sobre qué habría pasado en el proyecto de no desaparecer en 1957. Estos procesos de maduración, tangibles en especial en estas páginas, niegan que *Ciclón* se haya sostenido con el único objetivo de "borrar" a *Orígenes*, y perfilan aún más su auténtico carácter polemista y revolucionario.

José Ortega y Gasset fue presencia ineludible desde el nacimiento de *Ciclón*. En el número 3 de 1955, Antón Arrufat publicó "En el alero trágico del existencialismo" (49-51). Se trataba de una reseña sobre los ensayos *El Sentimiento Trágico de la Existencia*, de Marjorie Grene, y *Unamuno filósofo existencialista*, de Amando Lázaro Ros.

Entre sus comentarios, Arrufat criticó que se considerara a Ortega y Gasset precursor de las doctrinas y teorías contemporáneas más relevantes, sin tener en cuenta el peso de las ideas de Unamuno. Dos números después, el historiador argentino José Luis Romero publicó su ensayo "La renovación de la conciencia social" (21-24), donde ubicó a Ortega y Gasset como responsable de identificar el uso peyorativo del término rebelión que se había estado haciendo en el siglo XX.

Pero fue precisamente sobre la aguda crítica esbozada por Arrufat —en la que fuera su primera colaboración con *Ciclón*— sobre la que volvió el texto más escandaloso de todos los publicados en el número homenaje a Ortega y Gasset. Se trató de "Nota de un mal lector" (28), el breve ensayo de Jorge Luis Borges fechado en "Buenos Aires, enero de 1956." El autor de *Ficciones* y destacado colaborador de *Sur* aseguró que, efectivamente, Ortega y Gasset en realidad sólo había continuado la labor de Unamuno, a favor de enriquecer y ensanchar el diálogo de España con su época. Como Arrufat, declaró su preferencia por la prosa de Unamuno, y calificó a Ortega como abstraccionista, declarándose incrédulo ante su fama mundial.

Los hacedores de *Ciclón* habían anhelado el enfrentamiento intelectual desde la fundación de la revista. Por lo que aceptaron encantados la publicación del texto de Borges, a pesar de su disonancia en el tono general del homenaje. Además de este particular, en el número de *Ciclón* apareció el extenso ensayo "La filosofía de Ortega y Gasset," firmado por María Zambrano (3-9), otro de José Ferrater Mora, titulado "Ortega y el concepto de razón vital" (10-16). El español avecindado en Argentina, Guillermo de Torre publicó "Ortega y su experiencia americana" (17-20), donde se concentró en dar datos sobre la vida del filósofo y sus años como migrante en el sur de América. Mientras, a analizar la obra orteguiana se dedicó Juan Marichal, en "La singularidad estilística de Ortega y Gasset" (21-27).

A pesar de la pluralidad de las ideas presentadas en estos materiales, es justo decir que el único que tradujo el espíritu anticanónico de *Ciclón* fue "Nota de un mal lector," al que ubicaron como cierre del conjunto. Como especie de epílogo o prolepsis del homenaje, el texto de Borges puso en crisis todo el discurso que le precedía.

Durante casi tres meses, Piñera y Feo habían esperado esta colaboración. De hecho, entre las dedicadas a Ortega, la de Borges fue la única nota fechada en enero de 1956. Virgilio solicitó el texto desde los primeros días de noviembre de 1955, cuando ambos ya conocían la negativa de Reyes a colaborar con el número. Borges tardó más de lo planificado, desplegando cada vez diferentes justificaciones. La desesperación de Piñera ante esta situación desapareció, por fin, en febrero de 1956, cuando leyó el ensayo borgiano al que calificó de inmediato como "todo un impacto" (*De vuelta y vuelta* 139). En una carta que escribió a Rodríguez Feo días después de recibir la colaboración dejó testimonio de las expectativas originadas: "ha causado sensación entre la gente amiga de Borges su salida antiorteguiana. Aunque nadie conoce el texto todavía, saben sí las reacciones de Borges" (140).

La presencia del argentino en la revista tenía mucha importancia por diferentes motivos. El autor estaba perdiendo la visión para la fecha, por lo que había dejado de colaborar con medios donde era más o menos asiduo y sus textos inéditos en publicaciones periódicas se volvían cada vez más escasos. Además, Borges no había sido publicado nunca en *Orígenes*, a pesar de que en la década de 1940 se produjo su consolidación internacional como autor, debido, en parte, a la aparición de su libro de cuentos *Ficciones* (1944). Fue gracias a *Ciclón*, y especialmente a estas gestiones de Piñera, que Borges comenzó a ser publicado en Cuba. En *Ciclón* aparecieron definitivamente dos colaboraciones suyas, la "Nota de un mal lector" y la narración breve "Inferno, I, 32" (núm. 3, 1955:3). Pero también se publicaron varios artículos dedicados a valorar su obra. Fue el caso de "Borges y sus detractores," de Salvador María Lozada, que apareció en la sección Barómetro, del número 5 de 1955 (61-63).

Este tipo de acercamiento con reconocidos autores argentinos o viviendo en Argentina fue propiciada en muchos casos por la escritora Graciela Peyrou y, en otros, por Adolfo de Obieta, y permitió la entrada en el panorama literario nacional de la obra de autores como Macedonio Fernández, Witold Gombrowicz, las hermanas Ocampo, Miguel Ángel Asturias, el muy joven Julio Cortázar, José Bianco. La visión literaria de Rodríguez Feo y de Piñera fue tan acertada en este sentido que llegaron a publicar en *Ciclón* a cinco futuros Premios Nobel de Literatura: el italiano, Salvatore Quasimodo (1959), Georgios Sepheriades (1963), el mentado Asturias (1965), Vicente Aleixandre (1977) y Octavio Paz (1990).

El número que *Ciclón* dedicó a Ortega y Gasset, por ejemplo, prueba esta red de importantes relaciones intelectuales tejida alrededor de *Ciclón*. Porque además de los textos ya mencionados fue completado por poemas de los españoles Blas de Otero, José Hierro, Rafael Morales, José Luis Cano, incluidos en una sección titulada "Cuatro poetas españoles" (29). Estos estuvieron acompañados de fragmentos de "Especulaciones," de Alfred Jarry (33-37) y del texto de José Antonio Portuondo, titulado "Rubén Martínez Villena (1899-1934)" (38-52). Cerraba el número la habitual sección Barómetro, con la mentada reseña sobre el libro de María Zambrano, *El hombre y lo divino*, firmada por Julio Rodríguez Luis; otra de Severo Sarduy, titulada "Sobre el Infierno" (54-56) y dedicada a reflexionar sobre el volumen *El infierno* de Jean Guitton, Michel Carrouges, Ch.-V. Héros, Gustave Bardy, Bernard Dorival y C. Spicq, traducido en esas fechas por Editorial Emecé; así como un acercamiento de Calvert Casey a Lawrence, con el nombre de "Nota sobre pornografía" (57).

Aún en el presente, el elemento más llamativo del número dedicado a Ortega y Gasset es la perspectiva de Borges. Para la fecha en que se escribió, la impronta del filósofo se hacía mayor en América Latina gracias a la fama de algunos de sus discípulos más consagrados como María Zambrano o Guillermo de Torre, exiliados en el continente durante la Guerra Civil Española (1936-1939). También debido a la necesidad que intelectuales de Cuba, México y Argentina sintieron de comprender la historia de España y de dialogar con ella, en especial en uno de sus momentos de mayor tensión social, todo lo que se tradujo en un amplio movimiento de solidaridad, en un diálogo con la nación ibérica.

En el conjunto general de ese homenaje sobresalen, sin embargo, otros aspectos que develan la que ya he mencionado aquí como la transformación en la política editorial de *Ciclón* así como su anhelo por acercarse a diferentes grupos culturales. Primero, la presencia de la propia Zambrano, auto proclamada entre los incondicionales a Lezama Lima. "Si la separación de Lezama sigue, yo me resisto a darle esta amargura a él," había respondido la filósofa en 1954 a la solicitud de Rodríguez Feo de que formara parte de un Comité de Colaboradores en un nuevo *Orígenes* que excluyó a Lezama. Segundo, la publicación de un texto tan extenso de José Antonio Portuondo, cuyo libro *El heroísmo intelectual* había sido catalogado unos meses antes por Rodríguez Feo, como parcial y engañoso, debido a la incompatibilidad entre pensamiento marxista y su apreciación estética.

Estos procesos de búsquedas y maduración en el programa cultural de la revista dan a luz precisamente un editorial como "Duelo en España", firmado por El Director y analizado páginas antes. Por decisiones editoriales de este tipo, puede afirmarse que 1956 fue el año cumbre de la experimentación ciclónica. Además de las leves variantes en el diseño, —cuya fugacidad no afectó la homogeneidad de la colección completa— 1956 también fue el año en que se reafirmaron como colaboradores Luis Marré y Antón Arrufat, el año en que comenzaron a aparecer nuevas firmas prácticamente desconocidas en la Cuba de la época, como Enrique Barnet, René Jordán y Rolando T. Escardó.

Fue en 1956 cuando Rodríguez Feo y Piñera también censuraron la aparición de los *Diarios* de Gombrowicz; interesados por propiciar un mayor acercamiento a los gestores de *Sur*. Este es uno de los pocos casos de censura que se vivieron al interior de la publicación. Así que, la presencia de Borges en *Ciclón*, el acercamiento de Piñera con

José Bianco, también mostraban ciertos cambios de partida literaria de la revista. Esto sucedía mientras Rodríguez Feo afianzaba su postura política a través de pronunciamientos cada vez más críticos como el mentado "Duelo de España," pero también "El dilema de nuestra pintura" (núm. 2, 1956: 84-85) y "Nota del Director" (núm. 5, 1956). Por si fuera poco, el año abrió y cerró con números que desplegaban amplios dossiers de pensamiento, dedicados a rendir homenaje a dos pensadores europeos, un gesto que puede ser considerado polémico ante el llamado de renovación literaria nacional de *Ciclón*.

Sin embargo, las transformaciones no fueron necesariamente síntomas de debilidad. La revista había nacido en medio de la intempestiva renuncia de Rodríguez Feo a *Orígenes*. Por lo que para 1956 forjaba su identidad, ajustaba el rumbo, y además trataba de mantenerse viva en el enfurecido mar de la sociedad cubana, que, tanto a nivel político como económico, le auguraba una corta vida.

El homenaje a Sigmund Freud cerró el año. El número abrió con la reproducción de "Fugacidad" (3-5), que "Freud, a solicitud del Berliner Goethesbunde, escribió en Noviembre de 1915 para el volumen titulado *Das Land Goethes*." En breve nota al final del texto, *Ciclón* presumió esta publicación como la primera presentación que se hacía del material en español. El texto de Freud proyectaba la posibilidad de reconstruir los bienes culturales perdidos al finalizar la Primera Guerra Mundial. Se detenía para ello en la disección de términos como poeta, libido y vida, conceptos que, además, formaban parte fundamental de las preocupaciones temáticas de la revista.

Sigue un ensayo de Lionel Trilling, "Freud y la literatura" (7-19); el poema de 28 estrofas de Wystan Hugh Auden, titulado "En memoria de Sigmund Freud" (20-22); y el ensayo de Manés Sperber, "Miseria de la psicología" (23-33), todos traducidos por José Rodríguez Feo. A esos se sumaron los criterios de Enrique Collado Portal, en "Freud a los cien años" (34-38) donde comentó los acercamientos al psicoanálisis que fueron promovidos a nivel internacional durante el centenario de su nacimiento.

La traducción que Humberto Rodríguez Tomeu hizo del ensayo "Freud," de Maurice Blanchot (39-47) cierra la perspectiva más científica recogida en el número. Aunque en realidad el material reflexivo concluye con un texto más literario. Se trata de "Freud y Freud" (48-49), firmado por Piñera. En su artículo, Virgilio reafirmó la idea de que el psicoanálisis seguía siendo una ciencia vigente en las manifestaciones artísticas. Empleó un lenguaje coloquial, contrastante con el tono del número. Su fascinación por estas teorías, así como su capacidad para aplicarlas a su contexto, confirman la apropiación que de esta corriente estética se producía al interior de la revista. En *Ciclón* las alusiones a Freud aparecen desde las primeras páginas, en la presentación de "Las 120 Jornadas de Sodoma", hecha por el mismo Piñera.

Como número homenaje, el dedicado al centenario del psicoanalista tiene una unidad editorial mayor que el presentado a propósito del fallecimiento de Ortega y Gasset. Dicha unidad se extiende hacia la selección de las obras que conforman el resto las secciones. Por ejemplo, la narración de Luis Marré, "Aventuras sin sol" (50-52), es un cuento fragmentado a partir de tres escenarios que se derivan de la alucinación de sus respectivos personajes narradores. Las connotaciones sexuales y oníricas que pueden hallarse en todas sus partes ilustran las influencias del psicoanálisis en la literatura del período. Algo similar ocurre con la pieza de Niso Malaret, titulada *Anuncia Freud a María* (57-69), que sugiere que el psicoanálisis es el nuevo ángel enunciador del milagro, la nueva forma de explicar el génesis y entender la *Biblia*.

Si la presencia de Ortega y Gasset sobrepasaba el número homenaje que se le dedicó, también es innegable la influencia de Freud en las estructuras de varios textos de ficción que ya habían sido publicados antes del homenaje en *Ciclón*. En ese caso se hallan las narraciones breves "Sala de sueños," de Marré, publicada en el número 2 de 1955 (19-20); "Camaleón," de Enrique Barnet, que trata la pedofilia desde el equívoco, en el número 2 de 1956 (34-37); así como "Hojas de un diario" (10-13) y "La aventura" (14-16), ambos de

Humberto Rodríguez Tomeu, publicados respectivamente en los números 4 de 1955 y 5 de 1956.

Las paradojas de la historia unen en un solo acontecimiento las apariciones de los dos números especiales de *Ciclón* en 1956. Si los escritores cubanos pudieron leer muy temprano las primeras traducciones al español de las obras de Freud, fue gracias a un proyecto de la Biblioteca Nueva, impulsado por José Ortega y Gasset, que entre 1922 y 1934 publicó 17 volúmenes de la obra del austriaco, casi a la par de los Gesammelte Schriften (Peusner 2015). A partir de 1943, cuatro años después del fallecimiento del psicoanalista, la editorial Americana de Buenos Aires comenzó a trabajar para completar la versión en español que había iniciado Ortega y Gasset, esta vez con la competencia del traductor Ludovico Rosenthal. Pero entonces sólo aparecieron dos volúmenes de los 23 programados. En 1948, la Biblioteca Nueva de Madrid unificó su edición anterior en dos tomos, e incluyó catorce nuevos textos. En 1952, la editorial argentina Santiago Rueda retomó el proyecto de la editorial Americana. Y hacia 1956 lanzó en español las Obras Completas de Freud, en 22 volúmenes. Esta unificación de la editorial argentina posibilitó que las ideas del psicoanalista se presentaran completas en español antes, incluso, que en su lengua original.

La aparición de este conjunto de textos en el centenario de Freud contribuyó con la conformación del número especial de *Ciclón*. Tomeu y Piñera se encontraban en Argentina cuando se presentaron las traducciones de las obras completas freudianas. Fue precisamente Piñera el primero que inscribió el nombre del psiconalista en *Ciclón*. Cuando presentó los primeros fragmentos de "Las 120 Jornadas de Sodoma," en el número 1 de 1955 y comparó la obra de Sade con la ensayística de Freud. El gesto traslucía su atracción por las obras psicoanalíticas desde mediados de la década de 1950.

En "El malestar de la cultura," Freud escribió sobre "la tendencia a disociar del *yo* cuanto pueda convertirse en fuente de displacer, a expulsarlo de sí, a formar un *yo* puramente hedónico, un *yo placien-*

te, enfrentado con un *no-yo*" (10). Si las categorías pudieran aplicarse a la historia de la literatura cubana del siglo XX, la revista *Orígenes* representaría el *yo placiente* definido por Freud, con su discurso católico, de representaciones idílicas. Mientras, *Ciclón* vendría a ser ese *no-yo*, que produce el enfrentamiento y genera la duda. Variantes de este *no-yo* freudiano fueron empleadas por Piñera desde la década de 1940. En su *Electra Garrigó* se evidencia como cita directa en varios fragmentos: "¿Dónde estás, vosotros, los no-dioses?," reclama la heroína criolla en algún momento de su drama, y casi al final: "He ahí mi puerta, la puerta de no partir. ¡La puerta Electra!" (38).

La negación de la religión como estado objetivo también emparenta las ideas del psicoanalista con *Ciclón*. Freud citó el aforismo de Goethe ("Quien posee Ciencia y Arte / también tiene Religión; / quien no posee una ni otra / ¡tenga Religión!") para afirmar que la interpretación religiosa era empleada para explicarse el sentido de la vida, el mismo sentido que buscaban dilucidar la ciencia y el arte como creaciones humanas. La primera ruptura entre Lezama Lima y Virgilio Piñera se había producido precisamente en mayo de 1941, cuando Lezama declaró que la revista *Espuela de Plata* tendría un carácter abiertamente católico a lo que Piñera respondió apartándose del grupo por no ser ni siquiera "católicos, no ya sólo en sentido universal del término sino como cuestión dogmática" (*De vuelta y vuelta* 33).

Las influencias de las teorías de Freud en la literatura reunida en todos los números de *Ciclón* aparecen tanto en estas apropiaciones directas que se produjeron de su figura como en el uso continuo de las herramientas que el psicoanálisis había legado a la crítica literaria. En "Ciclon and Cuban Culture," Kessel Schwartz reconoció, a finales de la década de 1970, un irónico ataque contra el comunismo en el cuento "El Muñeco" (153), texto publicado por Piñera en el número 2 de *Ciclón* de 1956 e incluido en sus *Cuentos fríos*. La personalización de un objeto de goma como un ser animado, capaz de darle esperanzas a la gente, recuerda también esta irremediable pérdida de la satisfacción humana planteada por Freud en sus ensayos tardíos.

En su texto "Freud y Freud," incluido en el número especial de *Ciclón*, Piñera aseguraba que, con los años, se haría mucho más evidente la dualidad del psicoanalista, como teórico y poeta (48). Dos décadas después su augurio comienza a hacerse realidad. De los años setenta es el poema "Sala de psicopatología," escrito por Alejandra Pizarnik durante su última estadía en el Hospital Pirovano, en la Avenida Monroe de Buenos Aires. Freud es un personaje de su universo poético, que la atormenta entre falos gigantes de negros, justo un año antes de que ella se suicide. En 1972, José Emilio Pacheco escribió en México "El principio del placer," narración que imita la estructura de un diario adolescente, reproduciendo en gran parte el título que Freud había empleado, en 1920, para dar nombre a su ensayo *Más allá del principio del placer*. Quizás por esta tardanza en la restitución poética de Freud en Latinoamérica es que muchos especialistas evaden emparentar las obras de Piñera con el psicoanálisis, y hallan sus referencias en ideologías afines, más reconocidas.

Lo cierto es que, en 1956, cuando apareció el número especial de *Ciclón*, las teorías de Freud condensaban y reflejaban las preocupaciones de todo el siglo, pero también de un grupo de autores cubanos. Resumían sobre todo buena parte de lo que sus contemporáneos estaban debatiendo, al definir felicidad, cultura, sexualidad, religión, temas abordados una y otra vez en la revista. Es atractivo suponer cuánto impactaron en los creadores cubanos los acercamientos literarios y científico-culturales que se propusieron desde la revista a la obra de Ortega y Gasset y a la de Sigmund Freud, y cuán evidente habría sido este impacto en sus obras posteriores si el desarrollo cultural de Cuba no hubiese experimentado la escisión del triunfo de la Revolución, el 1ro de enero de 1959. La escritura de Sarduy, quien siguió su propio rumbo literario y personal fuera de Cuba, muestra estas influencias que el crítico Rafael Rojas percibe también en las obras posteriores de Nivaria Tejera, García Luis y otros autores cubanos exiliados (15).

Queda claro que las teorías de Freud, las herramientas que él aportó al análisis literario, encontraron en el monográfico de *Ciclón* una fuerte publicidad, que extendió sus influencias hacia algunos de los más jóvenes escritores cubanos del período. No es casualidad que muchas de las obras que fueron censuradas años después en Cuba, por no mostrar el ideal de "hombre nuevo" socialista respondían sobre todo a las lecturas que sus autores habían producido sobre las obras del pensador europeo. En ese caso estaba *La noche de los asesinos* (1965), que le valió a Triana elogios innumerables de sus colegas; pero que abrió también el camino de rechazos por parte de la oficialidad política, por las connotaciones eróticas veladas en la historia de los tres niños que planean asesinar a sus padres en un juego de roles macabro. También *Dos viejos pánicos*, escrita por Piñera en 1967, padeció similares desafecciones a partir de interpretaciones forzadas de su discurso dramático. En la misma lista se inscribieron obras de más jóvenes autores como el poemario *Lenguaje de mudos*, del holguinero Delfín Prats, que en 1968 fue hecho pulpa para evitar que llegaran al público cubano los gestos de decepción social y el descubrimiento de la homosexualidad del yo poético, gay y revolucionario a la vez.

Los monográficos de la revista no prosperaron. En 1957, no solo desapareció *Ciclón*, sino que, antes incluso de su silenciamiento, se produjeron solamente dos números. Se espaciaron más de lo habitual. El primero perteneció al trimestre enero-marzo, pero el segundo tuvo que abarcar de abril a junio. Otro de los síntomas de la debacle que estaba experimentando la publicación fue el cambio de proporción en la aparición de autores cubanos. Ellos siempre habían sido mayoría, pero en los números de 1957 de los 28 autores publicados, 14 fueron nacionales.

Piñera estaba en Cuba después de renunciar a su trabajo en el Consulado de Argentina. Se redujeron así las posibilidades de conseguir colaboraciones en el cono sur, pero también de distribuir la revista como hasta entonces se había estado haciendo. La situación social, cada vez más tensa, redujo los ingresos de la industria azucarera, dejando a Rodríguez Feo en una situación económica un poco incómoda. Había sido víctima del robo de su hermano Orlando y enfrentaba la enfermedad nerviosa de su madre, todo lo que lo dejaba en una situación familia también complicada. El 26 de septiembre de 1957, un dolido Piñera escribió a su discípulo:

> Mi querido Arrufat,
> Comencemos por las novedades. En primer lugar: *Ciclón* no sale más; Pepe me lo acaba de anunciar esta noche. Le había preguntado si te pedía los cien pesos ofrecidos por ti. Te lo agradece mucho pero dice que le es imposible por ahora afrontar el gasto de la revista. En segundo lugar Humberto embarca en compañía de Julia rumbo a Buenos Aires el próximo día dos de octubre. En el Reina del Mar. En tercer lugar Adolfo de Luis no pondrá "La Boda" —dice— debido al escándalo que podría producir la obra; que más adelante, que patatí que patatá.... (*De vuelta y vuelta* 176-77)

El fragmento de correspondencia es simbólico. Anunció el desgajamiento del núcleo alrededor del que se había mantenido gravitando el ojo de *Ciclón*, en la misma época en que Rodríguez Feo comenzó a vender su colección de artes plásticas. Todas parecían malas noticias. El abismo económico y personal en que los hacedores de la revista comienzan a caer, explica también por qué estuvieron tan entusiasmados ante los posibles cambios que se anunciaron el 1ro de enero de 1959.

Un espejismo ciclónico tuvo lugar en marzo de ese mismo año, 1959, con la aparición de un único número que festejaba el triunfo de la Revolución. Pero para entonces la vida literaria de la revista se había agotado. Los caminos de sus creadores y colaboradores se bifurcaron en otros muchos proyectos, de igual o más relevancia. Pero la añoranza por revivir *Ciclón* los acompañó aún por algún tiempo.

LAS ÚLTIMAS RÁFAGAS

El reconocido como último número de *Ciclón* apareció en marzo de 1959. Pero es el único que, insisto, se separa del conjunto de ediciones que conformaron la revista. Nació en un país diferente, contó con colaboraciones de escritores pertenecientes a grupos, que hasta ese momento no habían aparecido en la revista. Aunque incluí todas sus aportaciones en las estadísticas de *Ciclón* que se han ido comentando aquí, tiene más sentido pensarlo como el esténtor de la revista, el último adiós después de su inesperada desaparición en 1957. Aunque fue, sobre todo, un intento de Rodríguez Feo por mostrarse como parte del nuevo proyecto social que, de forma sincera, llenaba de esperanzas a la mayoría.

El número fue presentado como el primero del volumen 4. Es evidente que, para entonces, se valoraba continuar con la revista e incluso abrir una editorial anexa. Al menos esta idea de ampliarse fue comentada por Piñera poco después, en su texto "Homenaje," publicado en octubre de 1960 en *Lunes de Revolución*. Independientemente de estas intenciones, el último número de *Ciclón* tuvo 71 páginas, y el destino ha jugado todos los dados en su contra, convirtiéndolo en el gran ausente de las colecciones de la revista que se conservan en las bibliotecas de Cuba, México y Estados Unidos. Inauguró sus páginas con un elocuente texto de Jorge Menéndez, titulado "Relato de la Sierra," un texto que, desde su título, resume todos los cambios sociales que se experimentaban en el país.

Los primeros meses de los revolucionarios en el poder fueron trascendentales en la conformación de la imagen internacional del proceso. Las fotografías de los barbudos con sus collares de semillas, donde se apreciaban sus uniformes verde olivo, la sobriedad de la boina de la estrella solitaria de Ernesto Guevara, el tabaco de Fidel Castro, fraguaron de inmediato una iconografía predominantemente masculina, inconfundible hasta nuestros días. Esta imagen juvenil, de festejo perpetuo, contribuyó a solidificar a la Revolución en el poder como un movimiento social inclusivo según los cánones del período. El auge de la televisión en el mundo moderno favorecía además que el mundo comenzara a comprender su realidad como una sucesión de imágenes, mientras más encantadoras mejor. En el centro de ese proceso, para conquistar a los utópicos, estuvo la Revolución cubana y la lozanía que proyectaba.

En la literatura, fue el testimonio el género que más éxito tuvo en la transmisión de estas exaltadas sensaciones. Esto es perceptible desde el último *Ciclón*, que inmediatamente después de "Relato de la Sierra" publicó "La inundación," de Piñera (10-14). Es un texto conmovedor porque en él, el crónico escepticismo piñeriano quedó ahogado entre las múltiples anécdotas reunidas, todas sobre la esperanza. Recreó su visión del acontecimiento desde la madrugada del 31 de diciembre de 1958, cuando Fulgencio Batista huyó de Cuba, hasta el 1ro de enero de 1959, cuando se confirmó la noticia de que había caído el dictador. El ambiente de fiesta y rebeldía que se desató en La Habana quedó magistralmente retratado en el que sería el primer testimonio de Piñera sobre el tema: "Grité fuerte al hacer mi brindis: ¡Viva la Revolución! No lo hacía tanto por espíritu de bravata como porque en tal grito iban implícitos confianza y esperanza" (10). Esta misma actitud la mantuvo durante los casi tres años que trabajó como colaborador del diario *Revolución* y de su suplemento *Lunes de Revolución*, entre 1959 y 1961, una actitud que vuelve aún más macabra su censura posterior.

Pero cuando apareció el último número de *Ciclón* aún abundaba en Cuba la producción literaria y el periodismo libres de restricciones ideológicas. Muestra de ello es el texto de Calvert Casey que fue incluido en dicha edición. Se trata de "En San Isidro" (15-17), un ensayo con tono lírico, dedicado a la zona de tolerancia más grande de La Habana. Entre los textos que probablemente habían quedado en manos de Rodríguez Feo mientras salía sistemáticamente *Ciclón* y que nada tenían que ver con el momento histórico en que apareció este número estaba "Eldorado," de Marré, la historia casi fantástica de un joven que empieza a peregrinar, alejándose siempre de casa (18-19). A este se sumaron, desde la sección Poemas, dos sonetos de Severo Sarduy, cinco poemas sin título de Nivaria Tejera; la "Balada para el exquisito," de Roberto Branly; "Andrajos y el descenso," de Ramón D. Miniet y tres composiciones líricas de Rolando T. Escardó,[27] quien murió poco después, en 1960, habiendo alcanzado el grado de teniente por sus actividades revolucionarias.

En el conjunto sobresale, sin embargo, el ensayo de Pedro de Oraá, "Expresión y Revolución" (33-35). donde advertía el temprano riesgo que se estaba corriendo en Cuba de producir una escisión entre las artes y la representación rebelde, a partir del intempestivo sentimiento político desatado. Alertaba que "no podemos constituir una innovación de estilo, dada la brusquedad de los destinos de la expresión, que pueda ejercer este estado revolucionario, al desconocer las raíces esclarecidas que conforman una posible tradición" (33). A Pedro de Oraá le preocupaba que se negara a la tradición literaria nacional. Reconocía, sin embargo, un futuro "risueño," pero solo si lograban incorporarse a él diferentes esencias e historias.

---

[27] Me detengo en la presentación de cada una de estas obras, porque queda pendiente para el futuro un análisis más extenso y detallado de la poesía que apareció en *Ciclón* y un recorrido crítico para cada pieza allí incluida: Severo Sarduy, "Sonetos" [I y II], secc. Poemas, 20. "I" [*Glacial, glacial. Con puertas congeladas...*] Soneto endecasílabo, de rima consonante alterna. Sugiere el momento de la muerte o de una transformación definitiva y "II" [*Caiga tu reino. Cubra su deshielo...*], también soneto endecasílabo, de rima consonante alterna. En este se presenta de manera más explícita un léxico poético asociado a la desacralización religiosa. Remite a la locura como esa muerte o transformación que sugiere el primer soneto. Nivaria Tejera, "Poemas" [*Animales de las hespérides, citaras pavorosas..., Has echado hacia atrás la sombra del alma..., Tú eres ya esta lluvia, mi padre..., Cada hombre lleva dentro de sí mismo..., Desvinculémonos...*], secc. Poemas, 21-23. Roberto Branly Deymier, "Balada para el exquisito" [*En el área vil, las oscuras levitaciones...*], secc. Poemas, 23-25. Se trata, en realidad, de cinco poemas que comparten una distribución estrófica, métrica irregular. La descripción cronológica de un entierro R[olando] T. Escardó, "Aclaración", "Poema" [*Que se levante alguno...*] y "Poema" [*Es la noche...*], secc. Poemas, 25-26. En ellos abunda el léxico religioso.

Las esperanzas por el nuevo proceso revolucionario cubano tenían sus bases en acciones concretas. El impulso de una revolución cultural fue inmediato con la fundación de la Imprenta Nacional, la construcción del Teatro Nacional, la creación oficial de periódicos de izquierda antes clandestinos, como fue el caso de *Revolución*, dirigido por Carlos Franqui. A lo que se unió la casi inmediata puesta en vigencia de la Ley de Reforma Agraria. Como era de esperarse, como advirtió Oraá, los hechos históricos fueron posicionando nuevos temas en el panorama literario nacional. La tematización de la Revolución, su representación simbólica y literaria se produjo de manera paulatina, aconteció de forma natural y encontró nicho en la obra de algunos escritores más que en la de otros.

Cuando apareció el último número de *Ciclón* el proceso aún no contaminaba todo el campo cultural, ni lo forzaba a estar en función suya. Por eso en la revista aún encontraron espacio cuentos como "Insubordinación" (29-30) y "Un hecho histórico" (31-32), del entonces joven escritor cubano Manuel Díaz Martínez. Narraciones cortas, alejadas de los convulsos sucesos que se vivían en Cuba, más concentradas en conflictos familiares sin une geografía específica. En este caso también se hallaba el cuento de René Jordán, "Más barato por pareja" (36-40), una fábula sobre el sexo adolescente de pago, un texto sobre la ingenuidad del primer contacto físico, que tiene mucho que ver con la mirada que *Ciclón* había desplegado constantemente en sus ediciones anteriores.

En contraste con los dos números de 1957, otra vez la proporción entre autores extranjeros y cubanos favoreció a los segundos. De hecho, sólo apareció un ensayo del escritor mexicano de origen español Manuel Durán, titulado "Montaigne y animales" (41-46). En él, Durán rescataba las ideas de Montaigne y llamaba a situar al hombre en la naturaleza, en estado de igualdad con el resto de los animales. Ejemplificaba la posición de Zola, Rilke y García Lorca en sus obras, para probar que también persistían en asemejar la condición humana a la condición animal.

Otros tres textos completaron el número, el cuento del cubano Frank Rivera, "Silencio para cuatro;" un ensayo sin firma titulado "Refutación a Vitier" y que ha sido achacado a Fernández Bonilla en el *Índice de las Revistas Cubanas*; así como la narración anónima "Un hallazgo de Ventura." Todos vuelven a dialogar, de diferentes maneras, pero siempre de forma directa, con los acontecimientos sociales que se vivían a nivel nacional.

"Silencio para cuatro," de Rivera, tiene un narrador omnisciente, en tercera persona. Es un cuento de estilo realista, muy poco común en la historia de la publicación, que parece intentar abrirse a nuevas formas de expresión. La trama está enfocada en los pensamientos de un cantinero, quien está convencido que será un día aburrido. Debido a su fuerte convicción, no se da cuenta de los múltiples acontecimientos en los que se inmiscuyen algunos de sus clientes. Además de la metáfora que puede identificarse en la narración sobre el sentido que cada ser humano otorga a su vida, el cuento posee varios guiños a la situación política que se vivía en Cuba antes del triunfo de la Revolución (47-50). La narración, profusa en diálogos, es una de las pocas en la revista que enuncia directamente a Cuba como su escenario. Aunque otra vez se produce en ella la reducción de un país a una ciudad, y más que a una ciudad a una zona, las calles de San Lázaro e Infanta, muy cerca de la Universidad de La Habana, espacio que el discurso oficial del gobierno cubano ha reconocido como uno de los centros de la rebelión urbana de los cincuenta. La frescura de la narración, la total ausencia de expresiones demagógicas, son algunas de sus características literarias que iluminan el interés auténtico que escritores cubanos tuvieron, en un primer momento, por escribir sobre y de la Revolución, sin que esto significara todavía la reducción anecdótica sobre la que alertaba Oraá ni la apropiación del realismo socialista que se impuso después. *Ciclón* presentaba un número variado y renovado, como la sociedad misma a la que se aspiraba.

A su antigua pelea contra *Orígenes* volvía "Refutación a Vitier." El texto formaba parte de una polémica entre Fernández Bonilla y

Leonardo Acosta, que implicaba a la poesía de Lezama y de Vitier. La cronología de los textos es como sigue: Fernández Bonilla publicó "La poesía y la Revolución cubana," en el periódico *Revolución*, el 26 de enero de 1959 (5). Allí criticó la falta de visión de un libro como *Lo cubano en la poesía*, que Cintio Vitier había publicado por primera vez en 1957. Es cierto que el libro en cuestión carece de fundamento teórico, es parcializado e intenta construir un canon literario por momentos arbitrario, a pesar de ser citado como la *Biblia* de la poesía cubana. Pero Bonilla decidió criticar, entre todo lo posible, la inexistencia de la metafísica cubana que planteaba Vitier. Recibió respuesta de Leonardo Acosta, a través de "El señor Fernández, crítico literario," aparecido en dos partes en el periódico *El Mundo*. Como el último de estos fragmentos se insertó en la edición del 8 de marzo, el ensayo publicado en *Ciclón* es la respuesta que sigue. La "Refutación a Vitier" (51-58) es, por tanto, un análisis de los errores cometidos por Acosta durante su defensa de *Lo cubano en la poesía* y del grupo Orígenes. Se trata de una reafirmación sobre el pensamiento excesivamente conservador de Vitier y su pasión por Lezama.

El valor o la pertinencia de esta polémica inicia y tiene su mayor parte fuera de las páginas de *Ciclón*. Pero es importante decir que simboliza el espíritu que se mantuvo en los medios culturales y de prensa nacional en la Cuba de los años sesenta. Porque la conformación de la política cultural de la Revolución, la legitimación de una nueva identidad literaria se estaba produciendo a partir de este tipo de debates abiertos, que versaron lo mismo sobre artes plásticas, literatura o cine, tal como recoge el libro *Polémicas culturales de los 60* (2007).

"Refutación a Vitier" no cerró el ciclo de los ataques de *Ciclón* contra los origenistas, aunque extendió el tratamiento del tema hasta el último número. De ahí en adelante, los ataques de los ciclónicos comenzaron a ocupar nuevos escenarios, especialmente el diario *Revolución* y su suplemento cultural *Lunes de Revolución*, a donde fueron a parar la mayoría de los colaboradores, reunidos entonces bajo la dirección de Guillermo Cabrera Infante.[28]

El discurso del último número de *Ciclón* sobre los acontecimientos inmediatos seguía con "Un hallazgo de Ventura" (69-71), presentado como un "cuento popular," como si su contenido se hubiese tradicionalizado en el imaginario de la gente. Fabulaba sobre la visita de dos paleontólogos a Fulgencio Batista, a quien le intentaban vender los verdaderos restos de Cristóbal Colón. Batista necesitaba el favor del pueblo y se plantea comprarlos, pero duda de la veracidad de la propuesta. Manda a llamar a su más famoso represor, Esteban Ventura Novo (Artemisa, 1913-Miami, 2001). Al cabo de un rato, el policía hacía hablar a los huesos de Colón. La casi mítica crueldad de Ventura quedaba así representada en una narración cargada de humor popular. Se trataba de un hombre que podía hacer hablar hasta a los huesos.

Pero la joya del número es, sin dudas, "La neutralidad de los escritores," editorial firmado por Rodríguez Feo, y que apareció en páginas sin numeración, como casi todos sus antecesores. En el que fue en definitiva el editorial más extenso de todas las publicadas en la revista, el director afirmó:

> En el mes de junio de 1957 se suspendió la publicación de esta revista porque en los momentos en que se acrecentaba la lucha contra la tiranía de Batista y morían en las calles de La Habana y en los montes de Oriente nuestra juventud más valerosa, nos pareció una falta de pudor ofrecer a nuestros lectores "simple literatura."

---

[28] Véase William Luis, *Lunes de Revolución: Literatura y cultura en los primeros años de la Revolución Cubana*, Verbum, Madrid, 2003 y Ernesto Fundora y Dainerys Machado, "Itinerario de El Escriba", en Piñera, Virgilio, *Las palabras de El Escriba*, Unión, 2014, 9-28.

Todo tipo de crítica política o social estaba condenada de antemano a la feroz censura.

Su tono era melodramático. A Rodríguez Feo le interesaba resaltar que veía a la Revolución como la nueva "luz," y que de ella se debía desterrar a los escritores que se habían declarado neutrales, como José Lezama Lima, Jorge Mañach, Fernando de la Presa y Humberto Piñera. Esta mención del hermano de Piñera, filósofo y asiduo colaborador de *Orígenes*, en una lista tan breve anuncia acaso un distanciamiento entre los creadores de *Ciclón*, pero también coloca nombres nuevos en el horizonte de la lucha por el poder político cultural. La competencia por ubicarse en los nuevos espacios de poder que se abren comienza a darse, con fuerzas renovadas, por parte de todos los grupos reconocidos.

Este editorial de la revista, tanto como el último número íntegro, está muy relacionado con la Mesa Redonda "Posición del escritor en Cuba," celebrada a finales de abril de 1959 y cuya transcripción fue recogida por Ana Cairo en *Viaje a los frutos* (2006). Según Rodríguez Feo, fue en ese espacio audiovisual donde comenzaron a pedir la depuración de las instituciones académicas y públicas de las figuras que habían integrado el Instituto Nacional de Cultura o que habían mostrado tibieza ante las acciones de la dictadura de Batista. Una solicitud que él reiteró con toda claridad en su editorial.

Ciclón lanzaba su última estocada en contra del grupo de *Orígenes*, en contra del INC, y otra vez la crítica a su antecesor se volvería en su contra. "Si insistimos sobre estas cuestiones de suma trascendencia, es porque algunos líderes de la Revolución han emplazado a los escritores por su falta de apoyo a la causa revolucionaria," argumentaba el editorialista. No sospechaba entonces que el tratamiento sistemático y desprejuiciado que la revista había dado a temas como la homosexualidad y la prostitución serían considerados también ajenos a la nueva causa y al "hombre nuevo." Tampoco imaginó que esa libertad creativa por la que tanto habían abogado él y Piñera se vería coartada por el realismo a ultranza impulsado por el nuevo gobierno. Ni que sus críticas al instrumentalismo político del INC se replicarían en las acciones del Consejo Nacional de Cultura, fundado por Fidel Castro poco después.

La sociedad cubana demandaría una revista diferente. Si *Ciclón* hubiera persistido, de todos modos, no habría podido ser la misma escandalosa ventolera, que publicaba al Marqués de Sade y homenajeaba a Freud. Como en "Borrón y cuenta nueva," también en "La neutralidad de los escritores" sus críticas políticas se tornaban el espejo de sus propios males.

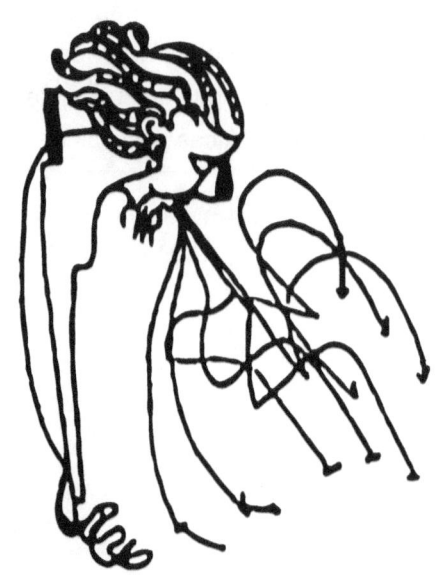

LA RESACA

Piñera comenzó a trabajar en *Revolución* en junio de 1959. Uno de los primeros textos que publicó entonces fue "Espejismo de revistas," donde produjo un recuento de las revistas hechas, principalmente, por su generación. La revista, como espacio de promoción literaria, fue imprescindible para la conformación del canon literario cubano de la primera mitad del siglo XX. Con un lenguaje muy suyo, resumió la importancia de ese tipo de soporte editorial en el panorama literario de la nación. Algunos de los que denominó "lugares comunes" sobre las revistas fueron que "vida literaria sin revistas resulta inconcebible," que toda revista que se estimara como tal constituía "una fuerza de choque" y que eran una prueban de que en el país había escritores. Como había repetido desde la década de 1940, Piñera consideraba a las publicaciones periódicas como una tabla de salvación ante el desamparo editorial, y reclamaba sus fundaciones, seguro de que "dos o tres revistas sustituirían eficazmente la orfandad editorial que padecemos" (2). Como muestra el siguiente fragmento de su texto, su verdadero objetivo era convocar, otra vez, a la fundación:

> Tal la historia de las revistas hasta la Revolución. Veamos ahora el panorama de ellas después del primero de enero. Pues desde ese día a la fecha, con la sola excepción del magazine *Lunes de Revolución* (que presta un efectivo servicio a nuestros escritores), no hay una sola revista en la calle. Ni una para muestra. *Ciclón*, que hizo su recurva en marzo pasado, ha vuelto a callarse. Ignoramos si su director piensa continuarla. De cualquier manera, el público se pregunta, con sobrada razón: ¿qué pasa con las revistas? El momento es propicio. Se supone que el escritor (sobre todo, los jóvenes) tenga muchas cosas que. decir, que ésta es su verdadera oportunidad; que si en el

clandestinaje hizo poco o nada, ahora es el momento para manifestarse; que resulta inexplicable la ausencia, no ya de una revista en forma, pero ni siquiera de una simple hoja literaria. (2)

Su preocupación por la participación de la juventud vuelve a aflorar, su esperanza se conserva: "es el momento para manifestarse," escribe. Convencido de que el silencio de la revista estaba postergándose más de lo saludable, se atrevió a hacer una última "Exhortación a Rodríguez Feo," el 9 de septiembre de 1959 (2). Otra vez hizo un recuento histórico. Pero el aporte de este artículo fue su aceptación de que la oposición a *Orígenes* se traducía en realidad en un acto de continuidad. Rememoró la edición del último número ciclónico, aun con esperanzas de que el proceso no fuera irreversible: "con el triunfo de la Revolución, que a todos nos inflamó de entusiasmo, y por descontado, al propio Rodríguez Feo, se puso otra vez sobre el tapete al meteoro, dormido momentáneamente en las profundidades del mar literario. Y Pepe 'sacó' *Ciclón* de nuevo."

Sin embargo, la semilla del disentimiento que los había enfrentado a *Orígenes* volvía, con una imagen diferente, sembrada entre ellos mismos, para cerrar la historia que había iniciado. Piñera lamentaba que, "sin Zéndeguis que nos hicieran la vida imposible, después de un número que confirmaba la bondad de su revista, haciendo caso omiso de la profunda necesidad de continuarla, desoyendo las súplicas de los escritores, que desde ese momento no tendrían dónde expresarse, Rodríguez Feo suprimió *Ciclón*." Para el escritor las explicaciones dadas por el director no eran suficientes ni confiables. El recuento que Piñera hizo de los sucesos pone a la vista el hecho de que las relaciones dentro del "rebaño ciclónico" no fueron siempre positivas:

Por ejemplo, [Feo] dijo que no tenía dinero (razón especiosa, por cuanto entre el número de la revista, aparecido en

abril, y el momento de su decisión sólo había transcurrido un mes). También adujo motivos de ingratitud por
parte de los escritores. Es verdad que hizo una gestión
cerca del Ministro de Educación para que *Ciclón* fuera
subvencionado, y también no es menos cierto que no encontró a nadie que le tendiera la mano. Pero cuando nos
fallan ciertos resortes y uno quiere a su obra como a su
propia vida, o más acaso, entonces se llega a eso que se
llama sacrificio. (2)

Su explicación contradice el mito que trató de crear Rodríguez
Feo en "La neutralidad de los escritores," al decir que la revista había desaparecido para honrar a los jóvenes cubanos asesinados por
Batista. *Ciclón* no se había callado solo por la situación política del
país, las razones fueron otras, o todas, pero principalmente económicas. Entendía Piñera que los escritores cubanos habían hallado en
Ciclón el espacio para publicar que se habría extinguido del todo con
la muerte de *Orígenes*. Claro que se refería a espacios gestionados
culturalmente, y no propiciados por el poder político. Si *Ciclón* era su
modelo, también se refería a espacios de diálogo literario, que otor-
garan libertad a sus colaboradores, donde se pudiera debatir sobre
el futuro de la nación a partir de presupuestos artísticos, donde se
pudiera por fin reconocer o construir una tradición literaria desatada
de prejuicios. Pero se refería también a espacios que abrazaran géneros narrativos, teatro y poesía, más allá de las restricciones de los
diarios nacionales.

A los espacios periodísticos acudieron durante décadas los intelectuales cubanos, para buscar una profesión afín que les propor-
cionara el sustento diario. Lezama, Vitier, Baquero habían continuado
publicando en *Diario de la Marina* después de la desaparición de
Orígenes. Pero ninguno encontraba allí su espacio de realización literaria. Aunque esas revistas y diarios también acogieran a menudo la
obra literaria de más de un escritor, la situación, al decir de Severo

Sarduy, se convertía en un mecanismo trunco, cuyo resultado era la posición nefasta de nuestros escritores y que comenzaba en la redacción de los medios de prensa donde cualquier obra literaria pecaba de poco periodística (*Viaje a los frutos* 65).

La existencia de revistas literarias fue evocada por Piñera como una necesidad del momento. Su sueño parecía hacerse realidad en abril de 1962, cuando se fundó *La Gaceta de Cuba*, órgano oficial de la Unión de Escritores y Artistas de Cuba. Pero este nacimiento se produjo a costa de la disolución de los incómodos suplementos culturales como *Lunes de Revolución* y *Hoy domingo*. Aunque Piñera siguió colaborando con estos nuevos espacios, no recuperó jamás la libertad creativa que le había otorgado *Revolución* y mucho menos el poder de decisión y creación que había experimentado en *Ciclón*.

Su bregar por la vida cultural adquirió tintes más dramáticos. A su regreso definitivo de Argentina en 1958 se instaló en casa de Rodríguez Feo, de donde se dice que fue expulsado por Orlando Rodríguez Feo a finales de año. Como *Ciclón*, la relación entre Virgilio y Pepe se fue quebrando hasta desaparecer completamente.

En "José Rodríguez Feo: un gestor de la modernidad," Norge Espinosa asegura que, al conocer a Feo, a principios de la década de 1990, éste le confesó "no sin cierta amargura: 'Lezama y Piñera se murieron peleados conmigo'" (34). Los caminos de Piñera y el director de *Ciclón* se bifurcaron definitivamente después del triunfo de la Revolución. Rodríguez Feo colaboró con *Lunes de Revolución*, pero con menos asiduidad que Piñera. En 1961, comenzó a trabajar en la recién fundada Unión de Escritores y Artistas de Cuba, donde llegó a ser director de la biblioteca que hoy lleva su nombre, y desde donde envió sus colaboraciones a revistas como *La Gaceta de Cuba*, *Unión* y *Casa de las Américas*.

En 1962 apareció su libro *Notas críticas (Primera serie)*. Lo dedicó a su madre, y según la nota de solapa, el volumen recogía sus principales trabajos aparecidos en *Orígenes*, *Ciclón*, *Sur*, *Bohemia*, *La Gaceta* y *Unión*. Publicó sólo dos de los trabajos que había rubricado en *Ciclón*. El primero fue "Una alegoría de la carne," la reseña que apareció en el número 1 de la revista de 1955, sobre la novela *La carne de René*, de Piñera.

En sus *Notas críticas*, la otra reseña ciclónica incluida por Rodríguez Feo fue "En la noche de los brujos," sobre el libro de cuentos *Aquelarre*, de Ezequiel Vieta. Tanto en esta como en "Una alegoría de la carne" introdujo cambios mínimos con respecto a las versiones originales. Éstos consistieron en omisión de adjetivos, cambios de puntuación, eliminación de alguna frase descriptiva, pero nada suficientemente significativo como para calificar la reimpresión de sus textos como reediciones.

Como dato curioso, en los artículos o ensayos que conforman su libro se adentró en muchísimos de los temas literarios que él mismo había encargado desarrollar a otros ensayistas en la década de 1950. Entre estos pueden citarse "Martí y la revolución cubana," "Walt Whitman y Norteamérica," "Rubén Martínez Villena," "Ernest Hemingway: una nota discrepante," "La élite que nos amenaza" y "La humorística de Macedonio Fernández," todos tópicos que estuvieron presentes en *Ciclón*. No hubo segunda serie de notas críticas como sugería el título del volumen. Al parecer, los proyectos de Rodríguez Feo por esos años estaban condenados a quedar a medias, a ser arrastrados por una ventolera más fuerte que su voluntad.

La figura de su polémico secretario de Redacción fue abordada en el libro de Feo en otro espacio titulado "Hablando de Piñera." Se trata de un diálogo apócrifo entre un lector y un crítico de arte, donde se elogia la versatilidad de Piñera como escritor. La estructura de este texto recuerda inmediatamente la empleada por Jorge Guillén en "El Crítico, el Amigo y el Poema," aparecido en el número 35 de los *Orígenes* dirigidos por Rodríguez Feo. Remite también al "Diálogo imaginario" de Piñera con Sartre, que había sido publicado en marzo de 1960 en *Lunes de Revolución*. Este interés por dialogar sobre la poética piñeriana enturbia aún más los motivos de la ruptura entre ambos creadores. Quizás la respuesta cierta es que, más allá de sus diálogos literarios, de los chismes y amigos compartidos en la década de 1950, lo que más los unió fue su vocación por hacer *Ciclón* que, en algún momento, fue sobre todo el interés por enfrentarse a *Orígenes*.

La labor como crítico de Rodríguez Feo comenzó a palidecer ante el desarrollo de una ardua labor como compilador. En 1964 se imprimió su antología *Cuentos norteamericanos*, un año después *Cuentos ingleses*. En 1967, prologó e hizo la selección de *Aquí once cubanos cuentan*, para publicarla en Uruguay a solicitud de Ángel Rama. Los once narradores estuvieron encabezados, otra vez, por Virgilio Piñera, con el cuento de terror "El caramelo." Es un cuento extenso, fechado en 1962, así que al menos hasta ese año las conversaciones entre ambos cubanos se mantenían, aunque con menos regularidad.

De quienes habían sido colaboradores de *Ciclón* incluyó sólo tres nombres más: Calvert Casey, Guillermo Cabrera Infante y Ambrosio Fornet. Aunque las relaciones con la historia de su revista también pueden encontrarse en el hecho de que la ilustración de portada haya sido de Wifredo Lam.

En su "Prólogo" a *Aquí once cubanos cuentan* aseguró que "en la narrativa actual cubana —tanto en la novela como en el cuento— lo que ha predominado ha sido una toma de conciencia frente al mundo que la Revolución empezó a destruir" (7). El suyo es un introito concentrado en demostrar cómo, a partir de 1959, la escritura nacional cambió, tornando su rostro, casi exclusivamente, hacia la representación social de la realidad. Aunque entre las obras que se mantuvieron ajenas a esta euforia ubicó las de Piñera y de Cabrera Infante. Es cierto que no expresó juicio negativo sobre estas excepciones, pero años después señalamientos de este tipo tuvieron sus efectos negativos en la vida de los autores.

Sobre la obra de Piñera comentó que "El caramelo" estaba escrito en un lenguaje coloquial, como la mayor parte de su creación narrativa, aunque se alejaba esta vez del famoso humor negro que tanto había sido elogiado en los *Cuentos fríos*. A la lista de los cuatro ciclónicos agregó cuentos de Onelio Jorge Cardoso, José Lorenzo

Fuentes, César Leantes, Edmundo Desnoes, Lisandro Otero, Humberto Arenal y Jesús Díaz, una selección diversa en cuanto a grupos generacionales y preocupaciones estéticas, hecha gracias a su profundo conocimiento de la narrativa cubana que se estaba escribiendo en el período; pero también a su continuado compromiso antiorigenista. En sus antologías no aparecen textos de los miembros más reconocidos como parte del grupo Orígenes.

Una tarja en la entrada de la Biblioteca de la Unión de Escritores y Artistas de Cuba sostiene su nombre hacia la desagradecida eternidad de la historia. De los salones de esa misma institución, ubicada en las céntricas calles de 17 y H, en La Habana, se robaron hace años la colección completa de *Ciclón* que él, en vida, había atesorado celoso, y que heredó a la biblioteca. La mayoría de los libros de Rodríguez Feo fueron el primer impulso para conformar el acervo de la institución. Hasta allí llegan en el presente los múltiples caminos del interregno ciclónico, las paradojas de su olvido y el afán de su destino por la fragmentación.

Todo indica que, en 1962, trató Rodríguez Feo de volver a la carga con la fundación de otra revista que debía llamarse *Letras Extranjeras*. Su plan tampoco se concretó, a pesar de ser por entonces uno de los asesores literarios de la Unión de Escritores y Artistas de Cuba. La imagen de aparente estado de cambio promovida por la Revolución en realidad apaciguó las ínfulas del movimiento intelectual cubano. En 1968, la Ofensiva Revolucionaria acabó de nacionalizar todas las empresas y de poner al cuidado del Estado cada negocio, incluidas las editoriales y los periódicos. Los tiempos de fundación grupal o individual en Cuba murieron —vaya contradicción— con la República. Había que agradecerle tanto a la Revolución (alfabetización, reforma agraria, salud gratuita) que no suficientes personas se detuvieron a cuestionar, en su momento, el patético acto de clausura.

En la Cuba de 1960 se había desatado una abierta lucha de los grupos de intelectuales por obtener el poder cultural. Las facciones fueron numerosas. Se enfrentaron *Diario de la Marina* y *Revolución*; Alfredo Guevara, frente al Instituto Nacional de Cine, contra Carlos Franqui, director de *Revolución*; Cintio Vitier y *Revolución*. Como es de suponer, la mayoría de los hacedores de *Ciclón*, que se habían vuelto a reunir en *Revolución*, ante tantas numerosas oposiciones quedaron en el bando de los perdedores.

Ni Virgilio Piñera, ni Rodríguez Feo, ni Arrufat, Sarduy o Cabrera Infante tuvieron la posibilidad de escribir la historia de los primeros años revolucionarios desde espacios de poder. Después del triunfo del 1ro de enero de 1959, se mantuvieron a flote algunos años más, para luego caer, dentro de Cuba, en un olvido prolongado hasta la década de 1990. Con el silenciamiento de sus nombres se acallaron también los ecos de *Ciclón*. Las malas condiciones de los fondos bibliográficos en bibliotecas cubanas, la desidia, fueron algunos de los acontecimientos que durante años dieron un destino casi fatídico a la publicación. Pero la reinserción de sus hacedores en el imaginario popular de la nación, a partir de procesos de transformación iniciados en la década de 1980, ha devuelto a la vida también a la revista.

En una publicación seriada convergen muchos mundos. Los de sus diseñadores, los de sus editores, los de sus colaboradores. Pero también los políticos, los contextos, los de los sueños y dramas de los escritores. Como tal puede y debe ser leída también de múltiples formas. Al interior de sus páginas, siempre quedarán textos por analizar, una perspectiva por agregar a la conformación de su historia. Pero la rehabilitación en el imaginario popular de América Latina que han experimentado en los últimos años figuras como José Rodríguez Feo, René Jordán, Antón Arrufat y, especialmente, Virgilio Piñera, hace suponer que, en un futuro cercano, abundarán nuevas aproximaciones a *Ciclón*. Al cabo del medio siglo de su existencia la revista regresa como un ruido, un estruendo que ilumina la compleja conformación del campo literario cubano de medio siglo. ⌗

San Luis Potosí, 2016-Miami, 2018

BIBLIOGRAFÍA

Adorno, Theodor W. *Notas de literatura*, trad. Manuel Sacristán. Ariel, 1960.

Arcos, Jorge Luis (sel. y pról.). *Las palabras son islas. Panorama de la poesía cubana Siglo XX (1900-1998)*. Letras Cubanas, 1990.

Arrufat, Antón. *Virgilio Piñera: entre él y yo*. Unión, 2012.

_____"Un poco de Piñera." Virgilio Piñera. *Cuentos Completos*. Letras Cubanas, 2004.

Bajtín, Mijaíl. *La cultura popular en la Edad Media y en el Renacimiento. El contexto de François Rabelais*, trad. Julio Forcar y César Conroy. Alianza Editorial, 2003.

Bianco, José. *Diarios de escritores y otros ensayos*. Sel. y pról. Modesto Milanés. Casa de las Américas, 2006.

Cabrera Infante, Guillermo. *Mea culpa*. Plaza &Janés, 1968.

Cairo, Ana (sel. y notas). *Viaje a los frutos*. Bachiller, 2006.

Cano, J. L. *Los cuadernos de Velintonia: conversaciones con Vicente Aleixandre*. Seix Barral, 1986.

Chacón, Alfredo. *Poesía y poética del grupo Orígenes*. Ayacucho, s.a.

Ciplijauskaité, Biruté. "Apostilla a una polémica: J.R. Jiménez y los poetas del 27." *Revista Canadiense de Estudios Hispánicos*. Vol. 1, núm. 1, 1996, 77-85.

Coyle, Beverly y Alan Filreis (eds.). *Secretaries of the moon: the letters of Wallace Stevens and José Rodríguez Feo*. Duke University Press, 1986.

Díaz de Castro, Francisco J. (ed. y pról.). *Los Cuatro Vientos. Madrid 1933*. Renacimiento, 2000.

Escardó, Rolando T. *El libro de Rolando*, pról. Virgilio Piñera. R, 1961.

Espinosa, Norge. *Notas "en" Piñera*. Extramuros, 2012.

_____"José Rodríguez Feo: un gestor de la modernidad." *La Gaceta de Cuba*. Núm. 6, 2015, 34-36

Espinoza, Carlos. *Virgilio Piñera en persona*. Unión, 2003.

———, (sel. y pról.). *Teatro cubano contemporáneo. Antología*. FCE, 1992.

Estévez, Abilio. "Centenario de un maldito." *Cuadernos Hispanoamericanos*. Núm. 741, 2012, 49-56.

Fernández Retamar, Roberto. "*Orígenes* como revista." *Thesaurus*. Núm. 2, 1994.

———. *Alabanzas, conversaciones, 1951-1955*. El Colegio de México, 1955.

Forniles, Ten Javier (ed., introd. y notas). *Querencia americana: Juan Ramón Jiménez y José Lezama Lima, relaciones literarias y epistolario*. Espuela de Plata, 2009.

Foucault, Michel. "Of Other Spaces." *Diacritics*. Núm. 1, 1986, 22-27.

Fuentes, Manuel y Paco Tovar (ed.). *La aurora y el poniente. Borges (1899-1999)*, Universitat Rovira i Virgili, 2000.

Fundora, Ernesto. "Maneras de ser Medea", *Tablas*, vol. LXXXVII, núm. 3-4, 2007, 38-52.

García Vega, Lorenzo. *Los años de Orígenes*. Monte Ávila, 1979.

Garrandés, Alberto (sel. y pról.). *La ínsula fabulante: el cuento cubano en la Revolución, 1959-2008*. Letras Cubanas, 2008.

———*La poética del límite*. Letras Cubanas, 1993.

Gombrowicz, Witold. *Contra los poetas*. Pról. Rita Gombrowicz. Tumbona, 2015.

———*Diario argentino*. Trad. Sergio Pitol. Adriana Hidalgo Editora, 2006.

———*Ferdydurke*. Seix Barral, 2001.

———*Bakakaí*. Tusquets, 1986.

González, Reynaldo. "*Aurora y Victrola* dos juguetes literarios de Virgilio Piñera y Witold Gombrowicz." *La Gaceta de Cuba*. Núm. 5, 1957, 2-5.

González Acosta, Alejandro (comp., transcrip. y pról.). *Cartas a La Habana. Epistolario de Alfonso Reyes con Max Henríquez Ureña, José Antonio Ramos y Jorge Mañach*. UNAM, 1989.

González Echevarría, Roberto. "El primer relato de Severo Sarduy." *Revista Iberoamericana*. Núm. 118-119, 1982, 73-90.

González Pedrero, Enrique. *La Revolución Cubana*. UNAM, 1959.

Guerra, Félix. *Para leer debajo de un sicomoro*. Unión, 2013.

Guzmán Moré, Jorgelina. "El Instituto Nacional de Cultura, organismo estatal para la cultura cubana. (1955-1959)." *Revista Calibán*. Oct 2010-marzo 2011, 64-71.

Henríquez Ureña, Pedro. *Selección de ensayos*. Selecc. y pról. José Rodríguez Feo. Casa de las Américas, 1965.

Hernández Suárez, Marivel. "Ramos dentro de la crítica teatral de su tiempo." *Tablas*. Núm. 4, 2010, 9-13.

Hobsbawm, Eric. *Historia del Siglo xx, 1914-1990*. Paidós, 2014.

Ibargüengoitia, Jorge. *Los relámpagos de agosto*. Casa de las Américas, 1964.

ILL de la Academia de Ciencias de Cuba. *Diccionario de la Literatura Cubana*. Edición digital basada en la edición de Cuba, Instituto de Literatura y Lingüística de Ciencias de Cuba. Biblioteca Virtual Miguel de Cervantes, Alicante, 1999. [CDU: 821.134.2 (729.1).09. En línea: http://www.cervantesvirtual.com/nd/ark:/59851/bmckh0j1 consultado: 16 de febrero de 2016.

Jambrina, Jesús. *Virgilio Piñera: poesía, nación y diferencias*. Verbum, 2012.

Jambrina, Jesús (ed.). *Una isla llamada Virgilio*. Stokcero, 2015.

Jiménez, José Olivio. *Cinco poetas del tiempo. Vicente Aleixandre, Luis Cernuda, José Hierro, Carlos Bousoño, Francisco Brines*. Ínsula, 1964.

Jiménez, Juan Ramón. *Cartas literarias*. Brugueras, 1977.

Laguna Enrique, Martha Elizabeth. *El Museo Nacional de Bellas Artes de La Habana y la Colección de Retratos de la pintura española del Siglo xix*. Universidad de Salamanca, 2013.

Lawrence, D. H. *Pornografía y obscenidad*, trad. y notas Aldo Pellegrini. Argonauta, Barcelona, 1981.

Leal, Rine. "Piñera todo teatral." Virgilio Piñera. *Teatro Completo*. Letras Cubanas, 2007.

———*Breve historia del teatro cubano*. Letras Cubanas, 1980.

_____La selva oscura: de los bufos a la neocolonia (Historia del teatro cubano de 1868 a 1902)._ Arte y Literatura, 1975.

Leyva, David (sel. y pról.). _Órbita de Virgilio Piñera._ Unión, 2011.

_____Virgilio Piñera o la libertad de lo grotesco._ Letras Cubanas, 2010.

Lezama Lima, José. _Cartas a Eloísa y otra correspondencia._ Verbum, 2013.

_____Obras completas. Tomo 1: Novela/Poesía completa._ Aguilar, 1975.

Luis, William. _Lunes de Revolución: Literatura y cultura en los primeros años de la Revolución Cubana._ Verbum, 2003.

Marigó, Gema Areta (sel. y ed.). _Ensayos selectos._ Verbum, 2015.

_____(ed. y pról.). _Orígenes: revista de literatura, números 35 y 36._ Director, José Rodríguez Feo. Renacimiento, 2008.

_____, _Poesía. La Habana 1939-1941_ [Facsimilar]. Renacimiento, 2002.

Monegal, Antonio. "La Literatura Comparada en tiempos de revolución." _Anuario de la Sociedad Española de Literatura General y Comparada._ Vol. XI, 2006, 279-288.

Monsiváis, Carlos. _Del rancho a la Internet._ ISSSTE, 1999.

Morelli, Gabriele. "Vicente Aleixandre Cartas inéditas a Juan Ramón Jiménez." _El Ciervo._ Núm. 524, 1994, 30-31.

Moreno, Francy. _La invención de una cultura literaria: Sur y Orígenes. Dos revistas latinoamericanas del siglo XX._ UNAM, 2014.

_____. _Cartografía cultural de Ciclón (1955-1957/1959),_ Tesis para optar por el grado de Doctor. Instituto de Investigaciones Filológicas, UNAM, 2015.

Oskam, Jeröen. "Censura y prensa franquistas como tema de investigación." _Revista de Estudios Extremeños._ Núm. 47, 1991, 113-132.

Paz, Octavio. "Figuras y presencia." _Los privilegios de la vista I. Arte moderno universal. Obras completas._ FCE, 1994.

Pérez Cisneros, Guy. _Las estrategias de un crítico. Antología de crítica de arte._ Letras Cubanas, 2000.

Pérez León, Roberto. *Tiempo de Ciclón*. Unión, 1995.

Pérez Rojas, Niurka. *Características sociodemográficas de la familia cubana 1953-1970*. Ciencias Sociales, 1979.

Peusner, Pablo. "¿Amorrortu o Ballesteros?" En línea: http://www.imagoagenda.com/articulo.asp?idarticulo=115, consultado: 15 de noviembre de 2015.

Pinzón Jiménez, Francisco H. "Alentar a los jóvenes, exijir, castigar a los maduros..." *Anthropos. Revista de documentación científica de la cultura*. Núm. 7, 1989, XXI-XXVII.

Piñera, Virgilio. *Las palabras de El Escriba. Artículos publicados en Revolución y Lunes de Revolución (1959-1961)*. Comp., pról. y notas Ernesto Fundora y Dainerys Machado. Unión, 2014.

_____*Virgilio Piñera, de vuelta y vuelta. Correspondencia 1932-1978*. Comp. y notas Roberto Pérez León. Unión, 2011.

_____"¿Por dónde anda lo cubano en el teatro?" *Lunes de Revolución*. Núm. 101, 3 de abril de 1961, 28.

_____, "Martínez Villena y la poesía" *Lunes de Revolución*. Núm. 92, 23 de enero de 1961, 30-31.

_____"Después de la novela social." *Revolución*. 5 de febrero de 1960, 5.

_____"Homenaje." *Lunes de Revolución*. Núm. 83, 31 de octubre de 1960, 2.

_____"Exhortación a Rodríguez Feo." *Revolución*. 9 de septiembre de 1959, 2.

_____"Las plumas respetuosas." *Revolución*. 13 de julio de 1959, 17.

_____"¿¿¿Teatro???" *Prometeo*. Año I, núm. 5, 1948, 1 y 27.

_____"¡Ojo con el crítico!" *Prometeo*. Año I, núm. 12, 1948, 2-3 y 28.

Poggioli, Renato. *Teoría del arte de vanguardia*. Revista de Occidente, 1964.

Pogolotti, Graciella. "Introducción." Índice de las Revistas Cubanas. Información de Humanidades Biblioteca Nacional "José Martí", 1969, 9-12.

_____(sel. y pról.). *Polémicas culturales de los 60*. Letras Cubanas, 2007.

Portuonodo, José Antonio. *Itinerario estético de la Revolución Cubana*. Letras Cubanas, 1979.

_____*Bosquejo Histórico de las Letras Cubanas*. Ministerio de Relaciones Exteriores, 1960.

Rocca, Pablo. "Por qué, para qué una revista (Sobre su naturaleza y su función en el campo cultural latinoamericano)." *Hispamérica*. Año 33, núm. 99, 2004, 3-19.

Rodríguez Feo, José. *Mi correspondencia con Lezama Lima*. Era, 1991.

_____*Mi correspondencia con Lezama Lima*, Unión, La Habana, 1989.

_____"Virgilio Piñera, cuentista." *Hispamérica*. Año 19, núm. 56-57, 1990, 107-113.

_____(sel. y pról.). *Aquí once cubanos cuentan*. Uruguay, 1967.

_____*Notas críticas*. Unión, 1962.

Rodríguez Luis, Julio. *Memoria de Cuba*. Universal, 2001.

Rodríguez Manso, Humberto y Alex Pausides (comp.). *Cuba, cultura y revolución: claves de una identidad*. UNEAC, 2011.

Rodríguez Monegal, Emir. *Borges, una biografía literaria*. FCE, 1987.

Rojas, Rafael. *La vanguardia peregrina. El escritor cubano, la tradición y el exilio*. FCE. 2013

Romero, Cira. "Rodríguez Feo: sus juicios (uno polémico) sobre narrativa cubana." *La Gaceta de Cuba*. Núm. 6, 2015, 37-41.

Rubinat Parellada, Ramón. "Exiliados en *Ciclón* (Presencia de una literatura española en Cuba)." *Guaraguao*. Núm. 5, 1997, 15-28.

Ryland, Hobart. "Recent Developments in Research on the Marquis de Sade." *The French Review*. Núm. 1, 1951, 10-15.

Santí, Enrico Mario. *Por una poliliteratura. Literatura hispanoamericana e imaginación política*. CONACULTA, 1997.

Schwartz, Kessel. "*Ciclon* and Cuban Culture." *Caribbean Studies*. Núm. 4, 1975, 151-161.

_____"*Ciclon* and the Castro Revolution." *Hispania*. Núm. 4, 1975, 926-928.

Schwartz, Jorge y Roxana Patiño. "Introducción." *Revistas literarias /culturales del siglo* xx, *Revista Iberoamericana*. Núm. 208-209, 2004, 646.

Tinianov, J. "Sobre la evolución literaria." *Teoría de la literatura de los formalistas rusos*. Siglo xxi, 1995.

Ugalde Quintana, Sergio. *La biblioteca en la isla. Una lectura de La expresión americana, de José Lezama Lima*. Colibrí, 2011.

Valender, James. *El impresor en el exilio. Tres revistas de Manuel Altolaguirre*. Residencia de Estudiantes, 2003.

Vera, Jiménez Fernando. "Cubanos en la Guerra Civil española. La presencia de voluntarios en las Brigadas Internacionales y el Ejército Popular de la República." *Revista Complutense de Historia de América*. Núm. 25, 1999, 295-321.

Verani, Hugo J. (sel. y notas). *Las vanguardias literarias en Hispanoamérica: manifiestos, proclamas y otros escritos*. FCE, 2003.

Vientos Gastón, Nilita. "Dedicación del homenaje." *Asomante*. Núm. 2, 1952, 5-6.

Vitier, Cintio. *Lo cubano en la poesía (1957)*. Instituto Cubano del Libro, 1970.

Williams, Raymond. *Cultura y sociedad. 1780-1950. De Coleridge a Orwell*. Nueva Visión, 2001.

Zéndegui, Guillermo de. "Discurso de G. de Zéndegui el 22 de julio de 1955." *Revista Informativa del* INC. Núm. 1, 1955, 45-46.

ÍNDICE ONOMÁSTICO

Dainerys Machado Vento (La Habana, 1986) es escritora e investigadora literaria. En 2022, discute su tesis de doctorado en Estudios Literarios, Culturales y Lingüísticos en la Universidad de Miami. Tiene una maestría en Literatura Hispanoamericana por El Colegio de San Luis A.C., México y una Licenciatura en Periodismo por la Universidad de La Habana, Cuba. Ha sido becaria de investigación del Centro para las Humanidades de la Universidad de Miami y en 2016 obtuvo el Premio Estatal de Periodismo San Luis Potosí, México. Coeditó la edición crítica *Las palabras de El Escriba. Artículos publicados en* Revolución *y* Lunes de Revolución *(1959-1961)*, de Virgilio Piñera (Unión, 2014). Investigaciones suyas han sido publicadas además en libros académicos como *Temas de historia de la prensa y la comunicación social en Cuba (Siglo XX)* (La Habana, 2014); *De El Año nuevo a Ulises: La literatura mexicana en la prensa del siglo XIX y XX* (Colsan, 2017); *Las palabras y los días II. Estudios sobre prensa y literatura latinoamericana* (Universidad de Guanajuato, 2020). Sus artículos han aparecido en *Cuadernos Americanos, Emisférica, Decimonónica* y otras revistas académicas y de divulgación literaria de México, Estados Unidos y Cuba. Es autora del libro de cuentos *Las noventa Habanas* (Katakana Editores, 2019). 🈁

www.ingramcontent.com/pod-product-compliance
Lightning Source LLC
Chambersburg PA
CBHW020642260626
47157CB00008B/2867